重返母校（1998 年）

在紫金港校区（2003 年）

云卷云舒

黄书孟口述自传

黄书孟 著

浙江大学出版社
ZHEJIANG UNIVERSITY PRESS

说明：按一般惯例，出一本书要请人写一篇序言。我打一开始，就决定请我杭州大学政治系同班5年、同寝（上下铺）4年的南泉洁同学写。但是，我提一次，他谢绝一次。我的书稿，南泉洁前后审阅了两遍，每次他都把审改意见用微信发给我——在万般无奈之下，我自作主张把他两次微信中的部分内容摘出来，就作为本书的"代序"（一）。特此说明，并恳请泉洁同学谅察。

代序（一）

南泉洁 *

这是一本好书。

好在它完整地回忆了一个人从小到老学习工作和家庭生活的经历。八十载岁月波澜起伏，艰辛备尝，春华秋实，硕果累累，你与我们分享大获丰收的甜蜜。

好在它认真地总结了一位颇有建树的学者和取得可观业绩的领导干部治学从政的宝贵经验，提纲挈领，简明扼要，条条管用，让人从中受到成才之路、成功之道和如何待人接物、为人处世的启迪。

好在它清楚地记述了我国从 20 世纪 40 年代末到今天几个重要的历史片断，如：大炼钢铁，除四害，"反右"运动，三年困难时期，"四清"运动，"大串连"，等等。实事求是，真真切切，令人抚今追昔，感慨万千，回味无穷。

好在它巧妙地穿插了历史长河中的朵朵浪花。这十几个动人的故事，离奇怪异，生动形象，充满情趣。全篇熔哲理性、趣味性为一炉，大大地增强了文

---

* 南泉洁：1942 年生，浙江省温州市人。杭州大学政治系 1966 年毕业，一直在中共温州市瓯海区委、温州市委机关担负领导责任。善摄影，工诗词。

I

章的可读性。

　　还好在它虽然以时间先后为序但并不平铺直叙，纵横交叉，讲述过程条理分明，逻辑严谨，诉说史实具体详细。其中有许多章节，如第一章"我的家世"，第二章中的"鹁鸪楼小学"，第四章中的"任教大洲中学"，第五章中的"考研之路"，第八章中的"主持轶事"、"良师金庸"、"拜谒马克思墓"，写得非常精彩，或令人拍案叫绝，或令人热泪盈眶。这些"小插曲"绘声绘色，读起来津津有味。

　　更为人称道的是它一字一句，直白贴切，有血有肉，真情实感，既没涂脂抹粉，添油加醋，更无半点水分，不加任何虚构，章章节节都是干货，引人入胜又十分可信。

　　总之，这的确是一本分量重、含金量高的回忆录，一本砥砺意志、催人奋进的传记，一本难得的好书！

　　这几天我津津有味地将你的回忆录从头到尾用心地又看了一遍。边读边想，带着你是怎样求学、怎样教书、怎样从政资政、怎样分析问题解决问题、怎样处理师生关系和上下左右关系等"课题"，寻找答案，颇有收获，很受启发。我们是同时代人，大学毕业从同一条起跑线上出发。一路走来，你一步一个台阶，无论在什么时候，无论做什么事，都风生水起，有声有色，取得成绩，做出业绩，收到成果，这是非常了不起的。追根究底，我看这是由你的修养素质品德所决定的，是你最大限度地发挥个人主观能动性的结果。你的锐意进取，吃苦耐劳，勤奋好学，全力拼搏，谦虚谨慎，等等，都是我不具备或者做不到的。这是我重读全文感受最深的，我想别人也会有同样的体会。所以，我越来越觉得这本书有价值，它确是一本难得的好书。你生动精彩、丰富厚重的人生经历，将带给当下的青少年和未来一代满满的正能量，为他们提供很多发人深省的启迪。期待大作早日出版发行，期待你为社会再发一分热和光，再做新贡献！附小诗二首聊表感慨。

附小诗两首

一

掩卷凝思回味长，
春华秋实满篇章。
书中自有成功道，
留待读者细考量。

二

考研大事定前途，
难得贤明女丈夫。
一诺千金挑重担，
敢将全力付宏图。

说明：我的书稿曾呈请我杭州大学政治系的 5 年同窗姜寒松审改。姜寒松审阅后，同样用微信的形式发来了他的意见，对我帮助极大。现我摘取其中一段录于此，作为代序（二），并向寒松表示感谢。

代序（二）

姜寒松[*]

书孟兄乃省内外高教界德高望重、颇有建树的老领导。

作为老同学，读完书稿，便如同你一起亲历了一场奇异的人生旅途。那些极富传奇色彩的经历，跌宕起伏的故事，奋斗不止的人生，那些人，那些事，那些日月星辰中的点点滴滴，在浓淡相宜的笔墨中逐渐荡漾开来，尤为亲切。

你的自传，因不可复制的家庭，不同凡响的经历，不甘寂寞的奋斗，不辱使命的担当，不可磨灭的贡献，内容十分丰满，可读性很强，教育性也很强。这不是一部单纯的追忆往事、怀念故人之作，不是一部低吟浅唱、婉转低回之书；而是在面对严峻的过往，直述人生的不易，讴歌伟大的时代，叩问波诡云谲的历史。除了亲历情感，还需要史料的积累、辩证的分析和独特的识见。正如陆游所说的"扫壁闲寻往岁诗"，一枝一叶不平常。

这是一部好书，期待早日出版。

＊　姜寒松：原名姜绪旺，1944 年生，浙江省江山市人。杭州大学政治系 1966 年毕业，先后在江山市、北京市等地工作，终生从事中等教育和干部教育事业，并担任学校领导工作。爱好传统诗词，系浙江省、衢州市、江山市三级诗词学会会员，江山市诗词学会常务副会长。

目 录

三疊單人黃慶鑾全因脆住詩孝少年天亡

與子承桃越同親友族人磋商並懇請

區長詳加指示議決將慶鑾之次孫書禮

過繼於詩孝為子以續宗祀所有一切遺產

即由書禮完全承受小人不得爭枓再者

詩孝之妹尚未出洞自主疊單後亦完全

由永開人撫育此保遷方情顧各無反

悔恐後無憑立養單存證

親友　蘇祖近　王瑞桃

友　朱甬順　劉政虎　吳雲之　朱百桂

親　劉敢臣　劉永高

族人　黃加頓

中華民國二拾九年九月十五日　代华實于順於　吉兰

第一章

我的家世

我的家乡

公元 1940 年 6 月 18 日（农历五月十三日），我出生在山东省莱芜县鹁鸽楼村一个农民家庭里。

莱芜，汉时设县，因先秦时这里曾建过牟国、嬴邑，素称"嬴牟故地"，别称"钢城"。县城距泰山 90 华里，历来是兵家必争之地，春秋时期的"长勺之战"和解放战争时期的"莱芜战役"就发生在这里。20 世纪 60 年代，莱芜成为中国重要的冶铁中心、国家新材料产业化基地、中国生姜之乡、中国花椒之乡、中国黄金蜜桃之乡。

凡是看过电影《红日》的人可能还记得，该片有一首主题歌，名曰《谁不说俺家乡好》。歌中唱道：

　　一座座青山紧相连
　　一朵朵白云绕山间
　　一片片梯田一层层绿
　　一阵阵歌声随风传

　　弯弯的河水流不尽
　　高高的松柏万年青
　　解放军是俺的亲骨肉
　　鱼水难分一家人

　　绿油油的果树满山岗

望不尽的麦浪闪金光

看好咱们的胜利果

幸福的生活千年万年长

哎

谁不说俺家乡好

得儿哟依儿哟

歌中所唱的那个"俺家乡"就是我的老家莱芜县!

鹁鸽楼村,在莱芜县城西南30华里处,距泰山70华里,始建于明代永乐年间,黄姓建村。

我们这个村庄,三面环山,一边是岭。村南是海拔577米的云台山,曾是佛教圣地,后败落。云台山之阴,有一大块开阔地,我们的村庄就建在这块小平原上。村东是小黄山,西为杏山,北为北岭,三面环山一面为岭,俨然是一个小盆地。牛泉河由东往西穿村而过,至杏山山脚向北流去,直入牟汶河。说她"山清水秀,环境幽雅",一点也不为过。

我们这个村庄,盛产小麦、玉米、大豆、高粱、谷子、花生、地瓜等农作物,山上种满了苹果、梨、山楂、大核桃、花红、柿子、花椒等经济作物。

每到清明前后,山上的果树开满了各色各样的花,学校老师就会让我们带上干粮和水,排着整齐的队伍到云台山脚下的果树林里去"看花",别提有多高兴了!到了杭州读书才知道,城里人文气,把"看花"叫"春游"、"踏青",我们把"春游"、"踏青"直咕隆通地叫"看花"!

鹁鸽楼村是莱芜县地下党的发源地。莱芜县1931年建党时,第一、第二、第三个党员都是我们村的;年底成立中共莱芜县委时,首任县委书记刘仲莹、首任县委组织部部长黄仲华,也都是鹁鸽楼村的;县委成立会议就是在我们村南云台山上的和尚洞里召开的。所以,当时国民党称我们村为"小苏区"、"赤匪窝点"。

我们这个村庄共有400余户人家,人口2000人左右,是一个自然行政村。

鹁鸽楼这个小村庄,是生我养我的地方——我在这里出生,在这里喝小米粥、啃地瓜长大——是我永远的眷恋!

我的家庭

我的父亲黄诗兴,生于1898年。因为家庭贫困,他没有读过一天书,当了一辈子的农民。

我父亲个子不高,清瘦单薄。他除了种自己家里的地以外,农忙时还给人家打短工。他还有一门手艺,会织布。母亲会纺纱,父亲会织布,织布卖布,养家糊口。每年到冬天,地里除了麦苗外,没有什么庄稼。北方冬天到处都是冰天雪地,野外根本无法劳动。我们家的后院很大,就在后院挖一个大地窖,冬天的时候,把织布机放进去,上边用木头、高粱秆和土盖上个顶,旁边开个小门,人可以进出。窖子冬暖夏凉,冬天父亲就在里边织布,我们小孩就钻到里边取暖。父亲织布的时候,他的头随着梭子来回的嘀嗒声摇晃着,一边织布一边哼小曲,但我从来没有听清他唱的是什么。

父亲兄弟二人,弟弟黄诗起(参加革命时改名黄仲华)1931年1月加入了中国共产党,是莱芜县党组织的主要创始人之一。1932年,叔父介绍父亲加入中国共产党,父亲是红军时期的老党员。

父亲一生两次来过天堂杭州。第一次,是1954年4月送我来杭州;第二次,是1962年我考大学的那一年,还去叔父当年工作的温州住了一段时间。高考结束,我送他回老家。

1970年,父亲因病去世,享年72岁。当时,我在浙江省衢县大洲中学当老师。

生我养我的父亲,一辈子没有得到我的一点好处,没有花过我一分钱,我未能对他老人家尽一点孝心。父亲病重还能讲话的时候,母亲对他说:"你病得不轻,叫书孟回来吧?"父亲说:"不用,叫他回来干什么?他又不会看病,他也没有钱,别叫他回来。"后来,父亲病情加重,已经不能说话了,母亲再问他:"要不要叫书孟回来见一面?"父亲就吃力地摇摇头,还是不让我回去看他;

直到临终，父亲还是只想到子女，而不想他自己，我们父子未能见上最后一面。

父亲去世两个月后，我哥哥来了一封信，说父亲去世了，考虑到你的工作和经济条件，没有告诉你，没有让你回来，对不起，这是父亲的意见，不要见怪，等到放假时回来给父亲上上坟磕个头就行……收到信的这一天，我一夜未睡，在大洲中学操场的一个小山坡上抱着一根木棍哭了一宿（因为山上有狼）。

母亲张纪英，生于1913年，她娘家是贫雇农，家里很穷。母亲虽然没有上过一天学，完全不识字，但她可以教我背《三字经》、《百家姓》和若干唐诗——她是听人家学生念时记住的，但背不全。所以，我在上学之前，就会背一点"人之初，性本善"、"赵钱孙李，周吴郑王"了。

母亲也是1932年入党的老党员。有时，县委晚上在我们家开会。这时，父亲负责放哨，母亲就给他们烧饭烧菜；有时上级来人，也住在我们家里，我家是县委的联络点之一。

父母亲一共育有10个子女，5个男孩，5个女孩，长大成人的是四男三女，这个成活比例在农村是很高的了。男孩里有我大哥书增，我是老二，还有三弟书营、五弟书昌，三个妹妹书珍、书荣、书香。

"文化大革命"的时候，村里把各家的坟地全部扒平，墓碑拿去修了水利。三年前，我回去把父母的、叔父的坟墓重新建起来，墓碑全部重新竖了起来——这在我们老家是允许的，大家都恢复了。

三父四母

我一共两次被过继。

曾祖父生了4个儿子，我祖父是老大，叫黄庆奎，二祖父黄庆熬、三祖父黄庆弟，四祖父黄庆云。亲祖父生了两儿两女——我父亲是老大，叫黄诗兴，叔父叫黄诗起。

我三祖父黄庆弟只有一个儿子，叫黄诗孝，18岁时，还未成亲就因病去世了。于是，就把我过继给黄诗孝当儿子（当年的过继文书现在还完好地保存着）。

第一次过继文书（1940 年）

　　过继是有规矩的：三祖父要过继孙子，首先要从老大那里过继。假如老大那里没有第三代，就从老二家里过继，如果老二家也没有，再从老三家里过继……那时，我父母亲已经生了两个儿子，即我哥哥和我。老大是不能过继的。刚好这时我出生几个月，便把我过继给了堂叔黄诗孝做儿子。在农村，过继在族里是一件大事情，主要涉及财产继承问题：过继谁，他的财产就全部归谁。当时，我才出生几个月，便继承了黄诗孝家的全部土地、农具和房屋。当时，村里有人指着襁褓里的我说："这小子有福，刚生下来就有房、有地、有院子，衣食无忧啊！"这是我长大后人们说给我听的。

　　第一次过继，我多了一个父亲、一个母亲。

　　还有第二次过继。

7

我叔父黄仲华，1931年入党，1937年参加山东著名的徂徕山抗日武装起义，后编入八路军山东纵队四支队，任排长。1943年，叔父在部队与张玉芳结婚。1944年，时任莱芜县雪野区抗日救国会会长的张玉芳在雪野区遭到日军和伪军的围攻。当时张玉芳身怀六甲，群众要把她掩藏起来，但她怕连累老百姓，坚持要突围，结果在冲出包围圈时，被敌人的机枪射中三弹，肠子都流了出来。群众把她送到战地医院，终因伤势过重而牺牲，时年仅24岁——她和她未曾出生的孩子一起为国捐躯！全国解放后，人民政府要把她的遗骨迁回到鹁鸽楼村。按当地习俗，迁移灵柩，一定要由儿子接回。当时，我叔父虽然已娶了陈化文，但只生了一个女儿，女儿是不能去接灵柩的。而且，这时他们已南下浙江金华，女儿才两岁多一点，不方便回山东来迁坟。所以，便从我父亲那里过继了我，给叔父黄仲华和婶母张玉芳当儿子。

　　当时，我年龄尚小，未让我去莱芜县北部的雪野区迁坟，只让我披麻戴孝在村口迎接灵柩。

　　2019年6月，我和夫人回莱芜老家省亲时，专程去张玉芳母亲牺牲的地方和她住过的战地医院拜谒，并看望了当年用大箩筐抬张玉芳母亲去战地医院的刘老。当时，他们四个人抬张玉芳母亲去战地医院。当年，刘老是个19岁的青年人，如今已是94岁的耄耋之人。

　　老人对发生在75年前的那一幕记忆犹新，向我作了详尽的描述，我听得泪流满面，感动不已！

　　黄仲华在他填写的干部履历表家庭成员一栏中，填了三个儿子，三个女儿。我作为大儿子填在家庭成员中的第一位。

　　这就是我的第二次过继——这第二次过继，又使我增加了一个父亲（黄仲华）两个母亲（张玉芳、陈化文）。

　　这次过继，使我成了烈士子女——虽然我从未提出、也从未享受过任何烈士子女待遇，我也从未在任何场合、在任何人面前说过我是烈士子女。

　　亲生父母、第一次过继、第二次过继，这样，我便有了三个父亲、四个母亲——

干 部 卡 片

单位名称：　　　　　　　　　　　　　　　　　　　19　年　月　日

姓　名	黄仲华	别　名	黄诗起	性　别	男
出生年月	一九一二年一月三日	家庭出身	贫雇农	本人成份	
入伍年月	一九三七年十月	入党年月	一九三一年三月	入团年月	
文化程度	初级小学一年	专业特长		籍　贯	山东莱芜
现任职务	省二轻局顾问	现在住址	杭州保卫路18号16幢	工资级别	11

家庭成员和重要社会关系的姓名、职业和政治历史情况。

大儿黄步孟在衢化中学教书他爱人移桂珍衢化仪表工人党员

大女儿黄莲氏在杭州红旗电机厂工人她爱人吴学忠在杭玻工人

二儿子黄爱国在徐州铁路分局搞通讯工作工人团员

二女儿黄小庄在杭瓦儿厂作学徒工

三儿子黄建国在浙江省地质队技术员住临安

小女儿黄积明在青山县商业局统计员团员

爱人家姓陈她父亲早亡雇农她大哥陈博文党员下乡已死她弟弟已死

我外婆家姓王贫农外翁外婆早死死的早父亲早逝世的哥哥早死农民

我父亲黄庆奎农民早去世无政治问题母亲家庭妇女早亡

大哥黄泽兴作假工无其他政治问题已去世大嫂家庭妇女现在家务作长工帮短工后死

大姐家庭妇女现在外偷他女儿嫁小谢姐夫亡帮在家务他儿子大队支部书记儿在农工作

二姐家庭妇女早亡姐夫好勇使领家务作他大儿当兵现和团子媳住一儿参军死其他

姑母姑丈中农无其他政治问题姑母姑夫均早亡

我前一个爱人姓王芳觉堂于廿三在1944年继牲被敌人打死因主地家庭中农她家庭成

无来往不熟悉只知她一个叔父姓燕王在山东文联主席

我家庭成员和社会关系的人都没有参加任何反动党团和伪政府军警的人

其中的一个父亲、两个母亲我都没有见过面。

人这一辈子中，呼叫"爸爸、妈妈"的次数可能是最多的了，我虽然有三父四母，却很少呼叫，因为我没有这个条件：我14岁离开老家到杭州，远离父母，千里之遥，当然就无法叫了。到了杭州，原是叔叔婶婶，现改口叫"爸爸、妈妈"，已经14岁了，改不过来，开不了口。还有一个原因，在老家，我们叫父母为"爷"、"娘"，在杭州如果叫"爷"、"娘"显得太土了，叫"爸爸"、"妈妈"又太洋了，也开不了口，一拖二拖，就干脆什么都不叫了。一般人想象不出来，这实际上是一件痛苦的事：有爹不能叫，有娘不能喊。人家说"呼爹唤娘"，我却都没有……听到人家叫老爸、老妈，我心里就想：人家多幸福呀。所以，每当儿子、媳妇叫我"老爸"时，甬提心里有多高兴了，总有一种异样的感觉；有时又会很痛苦，会想到自己的身世……唉！有爸有妈叫的人，是幸福的人；有爸有妈没得叫的人，是痛苦的人。有爹有妈时要多叫几声，等到没得叫了，后悔也来不及了。

我的老娘亲

母亲姓张名纪英，由于家境贫寒，未上过学，不识字。母亲姊妹三人，她排行老大，还有一个弟弟。我外公身高一米八以上，母亲三姐妹身高都在一米七以上，我舅舅更是身高一米八五，典型的山东大汉。

父母一共育有10个子女，长大成人的有7个，四男三女。所以，在我们村，我们家人丁兴旺，共有9口人。

父亲个子不高，身子单薄，患有严重的气管炎。父亲是农忙下田，农闲织布，家里大小事务一概不闻不问，全由我母亲操持。

母亲是一个持家有方的人：9口人一天的三顿饭，全由母亲承担；9口人的衣服、裤子、鞋子、袜子，全由母亲缝制；家里养的猪、牛、羊、鸡，全由母亲照料；走亲访友的人情往来，全由母亲谋划；7个子女的教育，也全由母亲掌管——我们7个子女中，6个中学毕业，只是亏待了二妹书荣未读书。

我们兄弟姐妹的衣裤上虽然也打满了补丁，但个个干净整洁，没有一个邋里邋遢；家里虽然人口多，但我们从不断粮，每顿都有饭吃。母亲常说："吃不穷，穿不穷，不会算计一世穷。"正是由于母亲的精打细算巧安排，我们一家人过得体体面面，四个儿子早早地就都娶上了媳妇。

在我心里，母亲是一个可以指挥千军万马作战的大将军、大元帅，是统筹全局、掌管内政外交的内阁总理大臣。

母亲是一个乐善好施、助人为乐、和睦邻里的人。村里谁家有困难，谁家有婚丧大事，母亲总是主动去帮忙；谁家遇到大事、难事，会上门找母亲商量，要母亲出主意。我四奶奶家里很穷，过年时也吃不上水饺。我在家时，每年年三十晚上，母亲第一锅饺子下出来，总是让我端一大盘水饺送到四奶奶家。

母亲无微不至地照顾了父亲一生。父亲60岁以后，气管炎日益严重，渐渐丧失劳动力。每到冬天，父亲就卧炕不起，足不出户；每日三餐，母亲烧好送到父亲的炕头上；父亲喜酒，即使生病，一日两顿酒不可少；父亲爱喝茶，每日的早茶和下午茶都是母亲泡好端上（即使在三年困难时期，父亲的酒和茶也从未间断过）。父亲病重，母亲日夜伺候在侧，百般安抚照料……母亲无微不至的关怀，使身体很差的父亲能活到72岁。

母亲是一个老共产党员。1932年，叔父黄仲华介绍母亲加入了中国共产党，成为莱芜地下党的第二个女党员。当时，叔父黄仲华是莱芜县委的领导（组织部长），我家便成了莱芜地下党的一个落脚点和联络点。县委经常在我家开会，母亲便为他们烧茶做饭和放哨；上级和下级来人，母亲负责接待和传递信息。

解放战争时期，母亲在村里负责拥军支前工作，为部队战士做军鞋。母亲不仅自己做得又多又好，还组织村里的妇女做军鞋，并获得县里拥军支前模范的荣誉。

"文化大革命"进入夺权和大批判阶段后，母亲放心不下叔父的安危，由大哥书增陪同到杭州来看望叔父。母亲是第一次坐火车，晕车晕得厉害。从山东泰安到杭州的二十几个小时里，母亲头痛欲裂，不停地呕吐，滴水不进。到杭州后，

父亲母亲

杭州西湖三潭印月1968

老母亲在杭州（1968年）

在床上睡了一天一夜才缓过神来。母亲看看家里人都还平安,第4天便对我说:"书孟,看你们都没事,我放心了,但放心不下家里你爹,给我买张火车票我回去吧。"经全家人好说歹说,母亲才去西湖乘船游览了一天,随后就回山东了。

这时,母亲已经眼花,我和夫人陪母亲到毛源昌眼镜店配了一副老花镜。说来也奇,母亲到了70岁以后,眼睛却不花了,裸眼可以穿针引线。而且,70岁以后,母亲的白发里生出了许多黑发来,头发由全白变成了花白。

这是母亲一生唯一一次来天堂杭州,前后住了不到一星期。

母亲是一个彻底的唯物主义者。母亲没念过一天书,不识字,但母亲有文化,唯物而不唯心。在我1956年第一次回老家省亲时,大哥让我看了他给父母打制的柏木寿棺(柏木是做棺材的最佳木料,由于父母健在,故称寿棺);又带我到南山黄家陵上看了给父母修好的寿坟。这都是大哥的孝心(我大哥书增是远近闻名的大孝子),都是母亲认可的,迷信的人是不允许这样做的——那时,母亲才41岁。

母亲60岁的时候,便毫不忌讳地为自己缝制了寿衣、寿裤、寿帽、寿鞋、寿袜——母亲91岁去世时,全身穿戴的就是她自己缝制的这套寿装。

母亲的晚年是幸福的。母亲中年时,因要操持一个大家庭,十分辛苦,经常头痛、呕吐,过早白了头发。后来,四个儿子顺利成家立业,三个女儿圆满出嫁(三个女婿都是复员、退伍军人,都在县城工作,又都是吃公粮的人,且都极具孝心)。这时的母亲,儿子女儿家轮流住,县城老家换着玩;在家有鱼肉,出行有车送;子孙绕膝,四世同堂;身板壮实,笑口常开,白发变黑发,苦尽甘来,生活美满,四邻羡慕!

2004年7月6日一大早,我接到老家电话,告知母亲已于上午7时去世了。

我立即买好火车票,和爱国弟奔丧山东。

到家后,弟妹告诉我:这天早上5时许,母亲醒来,说肚子饿了,要吃东西。他们赶快烧了两个荷包蛋,母亲吃了一个便不再吃了,眼睛却一直盯着门口。弟妹们心里明白,这是母亲在等我,便对母亲说:"已通知书孟哥,他正在往家赶。

你合上眼睡一觉，二哥就回来了。"母亲听后，微微点了点头，合上了双眼——再也没有睁开。在企盼中，母亲平静地与世长辞，走完了她老人家91年的历程。

当天晚上，全家四十几口人席地而坐，为母亲守灵，坐满了整整两大间的堂屋，除了呼吸声，什么声音也没有。

我坐在地上，心里一直想母亲的往事，一幕又一幕。

小时候，每到晚上，母亲打发我们上炕睡觉后，就点起那盏小豆油灯，在微弱的灯光下纳鞋底或缝补我们的衣服——母亲白天忙于家务，静不下心来。晚上母亲做针线活时，不跟我们讲一句话，她说"抬头误三针"。

母亲教我写春联。那是1953年的春节。母亲说，你已经读书识字了，今年的春联你来写。我说，我不会写，不知写什么。母亲说，我教你写，我说什么你写什么就行。于是，我到村代销店买回红纸，笔墨家里现成的。至今我还记得的有：灶头上灶王爷像边上的对联"一年富贵一年来，又进人口又进财"，横批是"人口平安"；在盛粮食的大瓮上写"五谷丰登"；在猪栏门上写"六畜兴旺"；在大门外的墙上写"出门见喜"；在大门内的迎宾墙上写"出入平安"。我前边说，我母亲未读过书，不识字，但她有文化，这些春联她都记得很清楚，也表明母亲对未来有美好的企盼，是一个乐观主义者。

有一次我去北京开会，返杭时挤出一天时间回家看望母亲。我一到家，便给母亲发预告："娘，我这次只能住一个晚上，明天下午要离家返杭。"母亲平静地说："孩子，娘知道你是吃皇粮的人，公务在身，身不由己，住一天和住十天一样。娘只要看你一眼就心满意足了，你走吧，娘不拦你。"

我想起：我每次回家返回的那天，母亲天不亮就起床，先烧水泡茶，烧我最喜欢吃的香椿炒鸡蛋、肉丝炒荠荠、煎咸鱼。我离家时，母亲总是拉着我的手一直送到村北头。每逢这时，母亲眼里噙满了泪水，但使劲不让它流出来。看到母亲这样，我心里十分痛苦，泪水哗哗地往外流。每逢这时，母亲就会拍着我的肩膀说："儿子，你娘我身子骨壮实得很，三年五载死不了，你有空再回来看我就是了，哭啥？"

我还想起：有一次我回家，临走时给母亲留一点零花钱。母亲说："孩子，我花不着你的钱，我就是生了你，是仲华把你养大的。你那么小娘就把你送走，娘对不住你呀儿子！"

常言道："娘就是家，家就是娘。"今天，娘走了，参天大树轰然倒下，家呢？从今往后家在何处？！

想到这里，悲从中来，我控制不住自己，哇地一声大哭起来，引得满屋一片哭声……

附：慈母仙逝

（1913年7月13日—2004年7月6日）

2004年7月6日上午7时，慈母张氏纪英安详仙逝，享年91岁。

慈母生于1913年，17岁时和父亲结婚，共生育10个子女，其中7个长大成人——长子书增，次子书孟，三子书迎，五子书昌；长女书珍，次女书荣，三女书香。子女均已成家立业，各有其成。

慈母于1932年由叔父黄仲华和张梅玲介绍加入中国共产党，为莱芜县党组织的建设和发展作出了贡献。

慈母素怀仁爱之心，和睦邻里，乐善好施，菩萨心肠，声名播于远近；通情达理，豁达大度，敢作敢为，举重若轻，乃女中大丈夫；为丈夫、为子女、为家庭无怨无悔操持一生，劳苦功高，为贤妻良母；亲朋满座，子孙绕膝，四世同堂——孙子7个，孙女3个，重孙2个，重孙女3个，极尽天伦之乐！

今父母揖别三十五载后天堂聚首，天使之然，不随人意。唯愿父母再续前缘，恩爱如初！

慈母遗体于7日下午火化，8日出殡——此片为慈母骨灰安放仪式之记录。

在此，我特别要对传文、英方及兴利三位妹夫长期以来对母亲无微不至的

老娘亲

与母亲在老家（1997 年）

关心、关照和爱护表示发自肺腑的、无以言表的衷心感谢！

书孟率弟妹

2004 年 7 月 10 日于杭州

注：这是我为母亲出殡安放骨灰时所拍录像写的片头语。

太阳月亮

天上有太阳有月亮，无声无息地照耀着我们，给我们光明，给我们温暖，给我们雨露，孕育万物生长。人们说，太阳是父亲，月亮是母亲。

我两次过继，有三个太阳四个月亮。

我和亲生父母共同生活了 14 年（1940—1954），是亲生父母把我拉扯养大的；我和第一次过继的父母虽未见过面，但他们给我留下了土地、房屋等财产；我和第二次过继的父亲黄仲华（以下皆称为叔爹），共同生活了 40 年（1954—1994），和过继的母亲陈化文（以下皆称为婶娘）生活了 46 年（1954—2000）——我真正的青少年成长期、中年期是和叔爹婶娘度过的，他们两人对我的一生起了决定性的作用。

1953 年，叔爹从宁波专员任上调到杭州，生活和工作进入稳定期。第二年，便写信给他大哥即我父亲，叫我父亲送我来杭州读书。所以，1954 年 4 月，我父亲把我送到了杭州叔爹家里。这是我人生中最大的一个转折：如果不来杭州读书，我在老家可能会读到初中或高中，甚至也可能考上大学，但这只是十分渺茫的可能——我毕竟有 7 个兄弟姐妹，父母的负担是很重的；如果不来杭州读书，我可能去邻村煤矿当了煤矿工人——我大哥和我村的许多青年人都在煤矿挖过煤；如果不来杭州读书，我小学或中学毕业后可能就回家当了农民——我的三弟五弟就是如此……我 14 岁时到杭州读小学，才有了之后的杭州第十二中学的 6 年初中、高中，才能读杭州大学政治系本科，才有了 1978 年上浙大读研。

叔爹与父亲老兄弟俩（1962 年 温州）

如果我不来杭州读书，这一切都不会发生。

我在杭州这个家庭的成长，接受的是两个老共产党员的言传身教。

叔爹 1931 年初加入中国共产党，是山东省莱芜县的第 3 个党员，1931 年底就担任了县委的组织部长，是中共莱芜县党组织的主要创始人。解放前，叔爹历任莱芜县抗日救国联合会会长、县委书记、泰安地委民运部部长；1949 年南下后，历任金华地委组织部部长、浙江省人事厅副厅长、宁波地区专员、浙江省总工会副主席、省委委员、温州地委副书记、省委财贸部第一副部长兼省商业厅厅长等职。

婶娘 1940 年加入中国共产党，南下后历任金华、温州、杭州妇联的领导和浙江省电力局政治部主任等职。

叔爹婶娘对我，从来没有讲过长篇大道理，就是身教——是他们的人品、人格、为人处世、待人接物锻造了我，使我受用终生。

1956年我小学毕业前夕，西湖小学要开家长会，我回家告知了叔爹。当天晚上，他叫了车子去学校参加了家长会。我坐叔爹的车子陪他去开会，他进了校门后，我一直等在校门口。我发现，北山街那么多干部子弟在该小学读书，除了我叔爹，竟没有一个干部家长来参加家长会。这使我深切体会到，叔爹对我的关心不同于一般人家。他这次参加我的家长会，是他一生中参加的唯一一次家长会，5个弟妹的家长会，他一次都没有参加。

叔爹有一件事，使我终生不忘。

抗日战争时期，林乎加是山东泰安地委书记、军区第一政委，叔爹是地委民运部部长，属上下级关系。我叔爹与第二位夫人结合，林乎加是介绍人兼证婚人。

1949年南下后，林乎加是省委书记处书记，叔爹是省委委员、省委财贸部第一副部长，仍是直接的上下级关系。

"文化大革命"开始后，林乎加被指为"走资派"，受到批斗。1966年底，浙江的造反派在北京向中央"文革"小组汇报浙江批斗"走资派"情况时说到，林乎加态度恶劣，死不认账。汇报中，江青插嘴说"林乎加是个坏人，可能叛变过革命"。

江青的话一出，林乎加被押到北京，关进了监狱，成立了林乎加专案组，彻查林乎加的叛徒问题。

有一次，北京专案组来我家找我叔爹调查林乎加的叛徒问题，当时我在场。

专案组知道我叔爹和林乎加关系密切，要求他"老实揭发林乎加是怎么叛变的"，还以"已经有很多人写材料揭发林乎加的叛变问题"来套话，试图诱供。叔爹就是不肯如他们的愿，只据实说："林乎加从未离开过革命队伍，从未被捕，他到哪里去叛变？向谁叛变？"专案组威吓说他在为叛徒辩护，叔爹毫不退让："我不知道他是叛徒，更不知道他是怎么叛变的，你们去找知道的人吧。"

两个专案组人员悻悻地离开了我们家。

"文革"后期，林乎加的问题查清了，从监狱放出来时，专案组的一个负

叔爹婶娘在杭州西湖边（1953年）

责人对他说："黄仲华这个人对你很不错。你被立案审查后，揭发你的材料中，同一个人写的材料前后有很大不同，只有黄仲华一个人，专案组找他写过七八次你的材料，他写来写去就那么几句话，一点内容也没有，还和专案组的人吵架……"

所以，林乎加从北京监狱出来回到杭州的第二天上午就来到了我们家，把专案组对他说的话告诉了叔爹，两人相视大笑。

因他们几年不见，有说不完的话，叔爹便叫我去龙翔桥菜场买菜，中午两人要喝酒。

我买了鸡、鱼、肉等菜回来，就开始为他们烧菜。

这天中午，他们两人喝了两瓶茅台，一只鸡吃得只剩骨头架子，连鸡汤也都喝得精光。

喝酒中间，林乎加对叔爹说："南下后，感到你这个人好批评人，好发表不同意见，认为你摆老资格居功自傲，其实是我官做大了，官气重了，错怪你了。省委对你不公平，我也有责任。"

第三天，林乎加又登门了。他一进门就咋咋呼呼地大喊："老黄，你可害苦我了！我在监狱里几年没有吃过荤菜，肚子里没有油水，吃了你的鸡，喝了你的鸡汤，肚子闹意见了，拉了一天一夜，昨天才缓过劲来，今天找你算账来了。你跟我走，今天老王（指他夫人王顾明，曾任浙江省文化局局长）回请你，她也买了鸡，备了两瓶茅台，我们再干一仗，让你也拉两天试试。"

"文革"结束后，林乎加先后担任过天津、上海和北京三个直辖市的市委书记。2018年去世，享年101岁。

关于婶娘，我讲她两件事。

一是她的退休。

20世纪80年代初，中央提出要机构改革，干部要实行"四化"，婶娘便要主动打报告申请提前退休，说是要让贤。我说："南下干部中你是年轻的，人家比你年长都不退，你让什么贤？你就不贤啦？"婶娘说："我年纪大了，老了不行了，中央要'四化'，我一化不化，还是让年轻人上来吧。"结果，她提前退休的报告被批了下来，提前退了休——她是浙江省电力系统第一个提前退休的领导干部。婶娘退休不久，国家工改调工资，因她办了退休手续，就比她同样级别没办退休的人少了两级工资。我为她抱不平，她却一点怨言也没有。后来，根据中央文件，婶娘由退休改成离休，但低两级工资的问题一直没有解决。

二是关于子女的工作安排。

"文革"中，我1966年大学毕业后，被分配到浙江衢县大洲公社初中教书，婶娘亲生的5个子女全部下放黑龙江，家里只剩下叔爹婶娘两个人。"文革"后期，下乡知青纷纷返城，我家弟妹也陆续回杭：大妹妹爱民去了杭州乘风电扇厂（街道企业），二妹妹去了杭州无线电二厂（街道企业），三妹妹去了萧山供销社，三弟去了临安地质大队。

有一天，局领导问婶娘："你的小孩都回杭了吗？都安排在哪里工作？"婶娘如实作了汇报。局领导说："你那么多子女回杭，为什么一个也没进咱们电力系统工作？"婶娘说："我是管这个事的，我怎么能安排自己的子女进来？""为什么一个也不能进？谁定的？这样吧，你的老二进咱们系统，去杭州市电力局吧。就这样，你不用管了，我来安排。"就这样，我的二弟才进了杭州市电力局，二弟是5个回杭弟妹中唯一一个进机关工作的，还是局领导亲自过问安排的。如果不是局长亲自过问，二弟还不知要去哪个街道工厂呢。

当时，婶娘是浙江省电力局政治部主任兼全省电力系统工会主席。她管全局的组织干部工作，电力系统的人员进出都是她管的——她关心照顾其他同志的子女，就是不安排自己的子女进电力系统。而那个时候，电力系统被称为"电老虎"，奖金高福利好，是人们争着要进的好单位。

我婶娘是一个非常平和的人，她虽然一直居于领导岗位，但没有一点官架子。她在我们子女面前，从来不开玩笑，不讲笑话。但其实老革命也有他（她）们的喜怒哀乐，也风趣幽默，有血有肉，与常人无异。

这就是我的婶娘。

全家福（1954年，左边两位为家中阿姨）

在家里，她是个勤俭持家的家庭主妇，要管6个子女的衣食住行。虽然叔爹婶娘的工资不低，但家里8口人的吃穿用，还雇了两个阿姨，每天的开支还是很大的。

所以，我婶娘买了一台飞人牌缝纫机，不仅用来修补衣裤，为了省钱，她还买来白布和染料，自己染布、裁剪、做衣服。从小学到中学，我的全部内衣和部分外衣，都是她亲自做的。她给我做的一件长棉大衣，我一直穿到"文化大革命"，后来送给了我老家的三弟。

婶娘对6个子女一视同仁，绝无二致，视我如同亲生，因我个子大，胃口好，在吃用方面还会对我特别关照。婶娘虽不是我的生母，但却如同我的亲娘，使我始终生活在一个温暖的家里，所以我能顺利读完小学读中学，读完高中上大学。和我北山街的那帮山东小兄弟比，我是非常幸运的——他们由于受不了后娘、后嫂的冷遇和白眼，大都小学毕业就自谋生路去了，未能上中学和大学。

23

当然，我时刻记着，我是这个家庭里特殊的一分子，不能调皮捣蛋、任性越矩，不能打架斗殴、惹事生非、无所顾忌。在学校里，要做一个品学兼优的好学生，在家里要做一个乖巧听话的好孩子。这根弦我几十年来一直紧绷着，从未放松。

回首往事，凭心而论，真正把我培养长大成人的是我的叔爹和婶娘——叔爹是我头上最耀眼的太阳，婶娘是我头上最明润的月亮！

叔爹于1994年久病不治在杭州离世，享年84岁；婶娘2000年春节去山东老家探亲时，突发心梗不幸去世，终年77岁。

回首80年的历程，道路是坎坷的，但却是平稳的，没有大波大折。即使在借米下锅的日子里（我曾是一个"老月光族"），我也没有气馁，没有垂头丧气，没有失去信心——我坚信：只要共产党在，一切都会好起来的。

80年间，有几个关键点：

一是我1954年从山东的一个小山村来到浙江省的省会杭州读书；

二是我1956年在小学毕业前夕加入了中国共产主义青年团；

三是我在新中国成立以来录取率最低的1962年考取杭州大学政治系；

四是我有幸于1967年迎娶穆桂珍——她就是我们黄家挂帅的穆桂英；

五是我1978年考取了浙江大学研究生；

六是我1981年研究生毕业后正确地选择了杭州师范学院；

七是1996年我从杭州师范学院奉调到浙江医科大学；

八是我1998年进入新浙江大学的领导班子。

我从一个农村山娃子走到今天，不能说没有自己的努力，但是，如果没有党和人民的培养和教育，没有领导的信任和关怀，没有父母的言传和身教，没有贤妻桂珍，所有这一切都是不可能的——共产党和社会主义是我最光辉的太阳，叔爹婶娘是我最温暖的月亮。

附：《世纪仲华》——写在前面的话

家父黄仲华（原名黄诗起）1911年出生，1931年20岁时入党，是中共莱芜党组织的主要创始人之一。从入党之日起，他就把自己交给了中国共产党。几十年来，他从一个农村青年成长为党的领导干部；从土地革命战争到抗日战争到解放战争到社会主义革命和建设时期，南征北战、出生入死、兢兢业业，为推翻三座大山、建立新中国和新中国的建设，贡献了毕生的精力。

家父的战友、同事和部下对他的评价是：政治敏锐、思想深刻，立场坚定、旗帜鲜明，胸怀坦荡、刚正不阿，疾恶如仇、仗义执言，从不计个人得失（尽管他老人家曾因此而遭受残酷斗争、无情打击，但他终生不悔）。

在我们子女眼里，他老人家是一个真正的革命英雄，是一个历经磨难仍坚贞不渝地为理想而奋斗终生的人，是一个顶天立地的山东汉子，是我们的骄傲和楷模！在家里，他从不训斥、更不打骂子女，是一位既严厉又慈祥的好父亲、好爷爷。

家父曾与毛泽东、刘少奇、朱德、周恩来、陈云、邓小平、李先念、华国锋、胡耀邦、叶剑英等老一辈无产阶级革命家见过面、握过手、谈过话、合过影，当面聆听领袖们的教诲，受益终身，真是三生有幸——我们子女也感到无上荣耀！

今年的12月23日，是家父诞辰100周年，整整一个世纪了——真是仲华百年、世纪仲华。值此良辰，我们兄弟姐妹编印这本小册子，以表达我们对他老人家的无限崇敬和深切怀念；同时，也是给我们的子孙后代留个纪念物：教育他们铭记历史，激励他们继往开来，期望他们像他们的老爷爷一样，做一个忠诚于党、有益于祖国和人民的人！

书孟　桂珍　爱民　学忠　爱国　明明

小民　叶航　建国　李宁　黎明　永成

2011年12月23日

全家福（1960 年）

叔爹婶娘（1962 年）

叔爹八十大寿（1990 年）

我、桂珍与叔爹婶娘在家中客厅合影（1992 年）

儿时记忆

解放战争时期，在我的故乡曾发生过著名的莱芜战役。

1946年6月，国民党撕毁停战协议，向解放区发动全面进攻，内战爆发。内战打了一年，国民党军队节节败退，我军不断取得胜利，国民党被迫把对解放区的全面进攻改为重点进攻，一个是陕北解放区，一个是山东解放区。1947年初，国民党纠集56个正规旅31万全副美式武装的部队，向山东解放区发动进攻。2月15日，莱芜战役打响。在三天的激战中，我军在华东野战军司令员陈毅的指挥下，以伤亡8000余人的代价击毙敌人55000余人，生俘国民党第二绥靖区副司令长官李仙洲上将及其下19名将军，击毙2名少将。莱芜战役的胜利，打乱了国民党的军事部署，使其南北会师侵占整个山东解放区的计划成为泡影，为济南战役的胜利奠定了基础，扭转了山东战场的局面，揭开了我军与国民党军正规战争的序幕，为夺取全国解放战争的胜利积累了宝贵的经验。在这一重大战役中，我们莱芜人民，我的父老乡亲为战役的胜利做出了重大的贡献和牺牲。

时至今日，已经70多年了，我们莱芜的父老乡亲们，仍然念念不忘这场战役，并引以为傲。每次回到莱芜老家，村里的老人们开口就是"莱芜战役那个时候……"总是向我讲述他们如何组织民工支前，如何帮助解放军看守俘房，如何把伤员从前线抬下来——在他们脑中，战役好像就发生在昨天一样。

我每次回到莱芜，县委县政府的领导总是安排我去参观"莱芜战役纪念馆"和"莱芜烈士陵园"——我也是烈士后代，我也经历过莱芜战役，我每次都看得十分认真和仔细。

舍死观战

有一次，我目睹了我们的战士和敌人作战。

那是莱芜战役打响之前的事。我家在村的最北面。有一天上午，我听到村北、村东那里传来密集的枪声和手榴弹爆炸声，感到好奇，便独自一人跑到村头上去看个究竟。我到了村口，爬上碾盘，看到我们的战士边打边撤，敌人边打边追，子弹从头顶呼啸而过，有的子弹打到墙上发出噗噗的声音。正看得高兴，后衣领突然被人抓住，把我吓了一大跳。回头一看，原来是大哥来找我："子弹又不长眼睛，你不要命了？快跟我跑！你不怕死？"大哥一边训我，一边拉着我的手跑回家中，叫我牵上我们家的牛往南山跑。为了躲避敌人的子弹，我们先顺着牛泉河向西跑（地势低）。当枪声最激烈的时候，村长叫我们都趴在河床上，我们就老老实实地趴在河床的沙石上，双手抱住头，一动也不敢动。后来，枪声渐渐远了，我们才敢站起来。大人对我们说，支援部队到了，打了个反击，把国民党军队打回东山去了。我们这才从地上爬起来，好在都没有受伤。

昼伏夜行

我到现在还清楚地记得我们逃反的一些情景。

在国民党军队向莱芜地区集结时，当地政府把我们这些有亲属在部队里的人（那时，我叔父在部队里，我们就被叫做军属或抗属）撤离，以免遭受国民党军队的迫害和杀戮。

当时，村长王瑞勤带领我们四五十人的军属，向北撤向博山解放区。我们带着棉被和粮食，有几家人家还牵着牛，从村里出发向北走去。为躲避敌机的轰炸，白天我们躲在村庄老百姓家里或树林里，天黑后再出发北撤。白天在树林玩耍打闹，玩得很累，也睡不着觉，到了晚上要行军了，我却困了。我们家有一头牛，我就拉着牛尾巴跟在后边走，人半睡半醒，迷迷糊糊的，经常要摔跤，爬起来再走。经过十几天的跋涉，我们终于到了博山，总算安顿下来。

当时政府规定，我们这批逃反的军属，走到什么地方，当地政府要提供我们伙食。出发时，各家都带了一部分粮食，但没有地方烧，所以我们走到哪个村子，村子里会组织老百姓送饭来给我们吃。但是人多饭少不够吃，我们就到老百姓家里去讨一点吃，大人不好意思去，就叫我们小孩子拿着篮子或碗去讨饭。村里老百姓知道我们是军属，都会给我们一些吃的，对我们很客气。

莱芜战役结束后，我的家乡解放了，我们就从博山返回莱芜。到家一看，炕都被刨了，屋子都成了国民党部队的马厩。

运动运动

莱芜战役正式打响前，我们的部队集结在一起。在我们逃反前，有一部分就住到我们村、我们家里面。这些人原来是南方各个地方的游击队，现在编成新四军，调到北方。当时我们村住的新四军战士，每个人发一块白布，用毛笔在上面写下自己的姓名、老家在哪里、家里有哪些人，然后缝在内衣上。我当时不懂，后来问了大人才知道，他们要去打仗了，随时都有牺牲的可能。万一牺牲，有了这个就可以通知到家人。所以他们参加莱芜战役是抱着必死的决心的。战士们战前拿到军饷，就买东西吃，养好身体，雄赳赳气昂昂地上战场。这些战士讲的话跟我们山东人完全不一样，我们也听不太懂，是南方话。有一句话大人和他们交流了半天，才知道他们讲的是"运动运动，到了山东；一手拿煎饼，一手拿大葱"，说的是吃的食物完全变了，咽不下去，生活不习惯。

战士们即将上前线，要去打大仗，随时都有可能牺牲，但他们不怕死，充满了革命的乐观主义精神。

站岗放哨查路条

我们鹁鸽楼村，地处解放区边缘，敌人经常派人来打探情况。我们村东西两边是山，有一条大道穿村而过——南来北往的，必须经过我们村子，别无他路可走。

所以，我们村里按上级政府的要求组织了儿童团。

我们村的儿童团员，由清一色的七八岁到十一二岁的男孩子组成（13岁的男孩都要下地干活了），没有一个女孩子。我们同年的6个男孩子，都是儿童团团员。大家都想当团长，所以互相都以团长相称，什么张团长、李团长、黄团长的乱叫，其实，团长是民兵连长刘光田叔叔兼的。

我们儿童团的任务，就是在村北口和村南口站岗、放哨、查路条。我们两个人一班，连红缨枪都没有，每人手里一根木棍。看到不认识的人，就问：你是哪里的？干什么的？找谁的？为什么到这里来？有路条吗？凡是要找我们村里的人，问清楚以后带过去，不能让他一个人乱跑乱钻，乱看情况。按规定路线带过去，走也要把他送走。没有路条的人，一律不能通过，有路条的人也要带着他穿过村子，不准乱走乱看。除了站岗放哨，还有送信。小孩送信比较方便，不显眼。一般的送信，小孩也怕的，会带条狗去，自己家的狗跟着一起去。有狗的话，胆子就大多了。因为自己的狗，你可以指挥它，如果有坏人，可以叫它去咬，它很听话。

我们站岗的时候，村里其他小孩子都会到我们哨位上来跟我们一起站岗，热闹得很，有时我们回家喝水、吃饭，他们会替我们站岗。

第二章

我的中小学

鹁鸽楼小学

我读书的小学就在本村，叫鹁鸽楼小学。那时候小学有两种，一种叫初级小学，一种叫高级小学。初小就是一年级到四年级，五年级到六年级那叫高小。我那个村校实际上是个初小，我在里面读了三年半。教我的老师叫秦绍元，一直教我到四上。1954年阴历三月初三，我离开了老家，来到了杭州。我们那时候读书，只有一个大教室，全村一到四年级的小孩都在那一个教室里上课，叫复式班。40分钟的课，10分钟讲一年级，再10分钟讲二年级……轮流讲，每个年级10分钟。所以你上一节课，只有10分钟是你的内容，另外的时间你就可以看书或做作业。

学校一棵树上挂了块工字钢，就是火车铁轨的一截。老师住在学校里，每天早上6点钟起来，就会敲那个钢，用一根铁棍来敲，全村都听得见。铛铛铛……学生们一听到响声，不吃饭不洗脸，爬起来就啪啪啪地跑到学校里去。到了学校里，一个个脸盆打满水，大家就在那里洗脸，每人都有一块白布洗脸擦脸，然后出操。学校的北屋是教室，南屋是老师办公室兼卧室，我们就在这个院子里跑步和做操。那时也有广播操、踢毽子什么的，都是自由活动。活动大概半个小时，之后就开始早读，其实就是背书。背到七点半，然后放学回家吃早饭。吃好饭听到钟声，赶紧再赶回来上课。我们的作息基本就是这样，上午上四节课，下午上两节课，也没什么太多的活动。我们40个学生，全是男孩子，没有一个女孩子，这大概也和孔老夫子有关系吧？学校里有一个三年级的刘姓男孩，每天上午第二节下课就飞跑回家，再气喘吁吁赶回来上课。后来知道，他是回家吃他妈妈的奶去了。

当时的课本就是一本语文、一本算术。直到现在我还记得语文课本里最早开始的就是：人、刀、口、羊……那时也没有拼音，至少农村里是这样。另外，语文课文里有一首诗是夸我们山东的："小清河长又长，山东是个好地方，出产大豆和高粱。"现在我就记得这诗的一半，其他都不记得了。三年级开始读《三字经》、《百家姓》，老师先给你念，读着读着字就认识了，这其实是个识字的过程。

我在班里学习算好的，这或许与我读书前上过夜校有关。我们村第一个党员刘仲莹的儿子叫刘子英，在外面读过书。他身体不太好，不怎么参加劳动，就把我们五六个小孩每天晚上叫到他家里去读书，就是夜校。我读过大概两个冬天的夜校，这对我帮助挺大的。所以正式到小学读书前，我已经认识了很多字。离我家五里路有个圣井村，圣井村有一所高小。1953年底还是1954年初，圣井高小要招五年级的学生，我们鹁鸪楼小学派了十几个人去考试，就我一个人考取。不过，考取以后也没去念书，因为毕竟离我家五里路，要住校就要交费用，还有个吃饭问题。不住校的话，每天来回走十里山路，既费时间，家长也不放心。

那时也没什么课余生活，孩子们放学后回家要劳动。家里养着牛羊的话要去割草，还要拾家里烧的柴火。我们一放了学回家，就挎着个筐到山上岭上去拾柴火、割草。农忙的时候，大人在地里忙，我们要给他们送饭。还有下地劳动，像施肥、收割，这些劳动全部都要参加的。还有到地边上去摘豇豆的活，全是我们这些孩子放了学后去做的。我们农家的栏肥是基肥，牛羊猪粪肥运到地里，要把它敲碎撒到地上。农村的孩子从小就干农活，我也不例外。

晚上有时也要干活，譬如玉米收割了，要把玉米粒剥下来。当时没有机器，怎么剥呢？先剥一个玉米棒，把它剥好空在那，就剩下里面一个瓤，然后把这个瓤拿在手里面当工具，用它去搓其他的玉米。剥玉米是个很累的活。另外，我们村柿子树很多。柿子收下来后，每家都有个小机器，跟纺车一样，上边装有几个钉子，把柿子插在上边，左手拿一把半圆形的刀片，右手摇纺车，小纺车一转，就把柿子皮全部削掉了。皮很有营养，可以拿来当饭吃。那个削掉皮的柿子心，就一遍遍地捏，每过三天捏一次，捏很长时间才能把原来圆的柿子，捏成现在我们吃的扁柿子饼。柿子里边的汁渗出来，上面是一层白的，那就是糖，然后再拿去卖。捏柿饼，这个活在家里边都要干的。还有地瓜，大人刨地瓜，我们小孩就到河里把地瓜洗干净，回家用刀切成片，切好以后晒，晒成地瓜干。地瓜干存放时间长，晒干了放个两三年都没问题。这些活都是晚上干的，也就是说，白天收什么庄稼到家里来，你晚上就干什么活。所以，放学回家是不可能看书学习的，而且，除了课本外也没有什么书可以看。

农村四五岁的小孩，不管男的女的，夏天秋天平常都光着屁股，但我不行，我要穿裤子。那时候衣服不多，我读小学时秋季夏季就是一套衣服。衣服脏了怎么办？夏天最热的时候，中午一放学，我就赶快回家吃点东西，然后跑到河边洗衣服，把衣服晒在滚烫的石头上面，等洗完澡、游好泳以后，衣服也干了。所以我的衣服虽然不都是新衣服，但一年到头都很干净很整洁——我卫生习惯比较好。

在鹁鸪楼小学时，还有一件有趣的事，就是自己做二胡。没钱买二胡，就自己做。二胡首先得有一张皮，包在那个圆筒的外面，否则就不会引起共鸣。那个皮在农村里是搞不到的，我们几个小朋友就到河里面去抓青蛙，把青蛙抓来，挑大的把它的皮剥下来，包到那个筒上面。这个筒是什么做的呢？我们那里有一种树叫香椿树，这种树生长得很快，里面很松。把香椿树锯一段下来，用木匠的工具把里面掏空，然后把青蛙的皮包上去，再做一个杆子和两个轴就可以了。拉二胡要用马尾，马尾哪里来呢？我们村里有一个油坊，里面有骡子有马。晚上，我们几个小孩就偷偷溜进磨坊里去，偷马尾巴毛。马你是不敢走近的，被它踢到那是要你命的。我们把高粱秆子从地里拔出来，下面有很多莛子，我们就把前面的毛削掉，留着莛子，然后拿着高粱秆子靠到马的尾巴上面，然后转转转，那个马尾毛就会缠上去，然后用力一拉，拽下来好多根！然后再上去……就这样把马尾巴上面长长的毛拿回来，就可以装到二胡的弓上去。有一次，我杭州那个父亲回家探亲，泰安地委给他和他的警卫员安排了两匹马，在家里住了两三天，我们就搞了很多毛。二胡的弦呢？开始时，我们是自己用铁丝做，后来就向我们村唱莱芜梆子戏的那些人要了一点弦。二胡就这样做起来了。

母校鹁鸽楼小学

鹁鸽楼小学有着光荣的历史。我们村刘仲莹（他的入党介绍人是"左联"五烈士之一的胡也频）1930年从上海被派遣回莱芜县发展党员——鹁鸽楼小学教师韩玉超，是刘仲莹回莱芜后发展的第一个党员。从此，该小学成为莱芜党组织的重要联络点。

转学杭州

1953年，那位过继我的父亲黄仲华从宁波调到杭州，写信到老家，叫家中把我送到杭州去。于是，我亲生父亲便送我到杭州，一是探亲，二是读书。其实，我亲生父母是不愿意让我离开老家的。尽管家里兄弟姐妹很多，但那时小孩不怕多，很好养，养一个跟养两个、三个、五个差不多，只要有饭吃有衣服穿就行，还可以干点活。我是他们的亲生儿子，又那么小，十几岁离开家，还很远，他们是不忍心的。所以，很早就说要送我到杭州，但是前后拖了两三年一直没来。最终还是送到杭州，起作用的一个是我舅舅。我舅舅没上过学，不识字，但他是村长，有见识。他知道我在鹁鸽楼小学书读得不错，觉得这个小孩有出息，杭州是天堂，有条件就应该送他去。每次到我们家来都说："小林子（我的乳名），你到杭州读书去！读书才有出息！"另一个极力主张我到杭州来的是我二姑。她说："你已经过继给黄仲华，是他的儿子了。革命的时候我们都出过力的（我

38

二姑也是老党员），现在革命成功了，你就应该享受革命的成果，到那里去读书。"其实我父母亲是不乐意的，我自己也不太想来，不想离开父母。

那时火车很慢，从山东泰安到杭州，路上要走近20个小时。那时还没有南京长江大桥，长江以南是南京，以北是浦口，从北方来的所有火车，到了浦口，都要一节一节地分开，然后一节一节地拉到船上，轮渡过江后，再一节一节地接起来，然后火车再开。这样轮渡过来起码得两三个小时，而且，北方没有直达杭州的火车，我们要到杭州，还必须在上海转车。

来了杭州后，最大的问题是语言不通。南下干部子弟很多，北山街住的都是山东过来的南下干部，男男女女都有，跟杭州人根本无法交谈。他们叫我们山东侉子，山东人叫杭州人南蛮子。我当时特别反感"山东侉子"的称呼，认为叫我们山东侉子，就是说我们山东人粗，不聪明，傻，就是看不起我们山东人。我从来不打架，但是谁叫我山东侉子我就要揍他，不管追他多少路，哪怕鞋子跑掉了我也要追上，非把他揍一顿不可。我揍了几个人以后，再也没人敢叫我山东侉子了。

第二个问题就是课本不一样，山东农村的课本跟杭州的课本完全是两回事。这里的教育程度很高，很正规，而我以前学的却是地方编的教材，所以要比这里浅得多。我到这里插到四下班是要考试的，也就是要通过一个水平考试，看你到底是什么水平，能不能跟班。我记得卷子里有个造句。我在山东没有学过造句呀，净背《三字经》、《百家姓》、《千字文》这些了。试卷上有道题是要求用"邂逅"造句，这个词是我后来回家才知道的，就是突然遇见，突然碰到叫邂逅。当时我连这两个字念什么都不知道，就在后边写上："老师，我不认识'邂逅'这两个字，我不会造。"我就想给老师一个说明。等到批卷子时，老师说："诶呦，黄书孟你这个人很聪明耶，调皮耶！"我这个造句他算我对了。我本意是说自己不认识这两个字，当然也不会造句，想给老师说明一下。老师说这也算是对，还夸我调皮、聪明！

老师当堂把卷子批好，说"你可以去四年级读咧，跟得上的"，马上就把班主任叫来。班主任是位女老师，叫王玲玲。王老师说："好的，黄书孟那你明天来，带两支铅笔，一个簿子来。"我说："好的。"我马上回到家里，跟父母说要两支铅笔，要一块毛巾。第二天我就带着两支铅笔，拿了块毛巾，到王老师那里去。我说："王老师，我来了。""好的，你铅笔带来了吗？"我说："带来了。""簿子带来了吗？"我说："带来了。"赶紧从书包里掏出一块毛巾。她说："你拿毛巾干什么啊？""洗脸布子"嘛：我以为是那个"布子"，就带了条毛巾去。我们北方农村不买毛巾。我父亲会织布，织出来的白布扯一块就是毛巾，擦手擦脸的就是用那个，叫"布子"，或叫"洗脸布子"。我带了块毛巾，又闹了个笑话。她说："不是这个，是那个练习簿。"我说："哦，那个是练习本。"我带了块毛巾——我以为到学校里也要洗脸，像在老家学校里一样。

那个班里基本都是杭州人，也有几个山东籍的老乡，个子跟我一样高，我们坐最后一排……还是不敢跟大家交流，语言不通，怕人家叫"山东侉子"。我上课很老实，后来当上了小组长，加入少先队，成为少先队小队长，别（佩戴）了一条红杠，读书成绩也还可以。在山东的时候，我哥哥就说："小林子，你在这干什么？你爷娘在杭州，杭州是天堂，到杭州去读书！你小时候有房子有地，后面就看你读书读得怎么样。"所以我只有一个观念：我到杭州来就是读书的。我又感到自己比较笨，笨鸟要先飞，所以我读书很用功。人家放了学结伴到外面去玩去跑，去打球、游泳、搞活动，我从来不去。一放学我就回家，回家就做作业。因为知道自己到杭州来就是为了读书的，读书就要读好，一直到研究生毕业都是这样坚持下来的。另外，一到杭州后我就给自己立了个规矩：杭州的父亲母亲毕竟不是我的亲生父母——说实话，从我来杭州的那一天起，杭州的父母待我视如己出，和对待其他弟弟妹妹完全是一样的，只是我心理上有点障碍而已；再说，我在这里兄弟姐妹这么多，我是老大，我应该做一个好的样子给他们看。所以我不淘气，不惹是生非，不给家长添麻烦，只一门心思读书。所以，除了人家叫我"山东侉子"而揍了人以外，我在班里应该算是很老实的学生，

小学班主任王玲玲老师（中），我妻子穆桂珍（左）

或者说是老师很喜欢的学生。小学毕业的时候，我被保送到杭十二中，就是现在的杭十四中。

说到这里，我把杭州家里的兄弟姐妹介绍一下。1954 年 4 月我来到杭州的时候，杭州已有 4 个弟妹：大妹妹爱民，1949 年南下之前生在山东，是民工用挑子挑过长江随母亲南下的，算是老革命了；大弟爱国，1951 年生于浙江金华；二妹小民，1952 年生于浙江宁波；二弟建国，1953 年出生于杭州。我到杭州的第二个月即 1954 年 6 月，我放学回家时，发现家里多了个女婴——这就是小妹妹黎明。这样，在杭州我们 6 个兄弟姐妹，三男三女，我为老大，被称作大哥哥。这个称呼一直沿用至今。"文革"时期，他们五个人属于初、高中"老三届"，全部作为知识青年下放黑龙江，失去了接受高等教育的机会。"文革"后期，他们几经周折才回到了杭州。

我在杭州读的小学叫杭州市西湖区中心小学，位置在现在的杭州香格里拉饭店（当时的杭州饭店）南面，临湖，距离岳王庙不远。校舍是秋瑾祠堂，上下两层楼。杭州饭店造好后，把这个祠堂拆了，在原址南边造了一个"风雨亭"以示纪念。我小学的时候王玲玲老师给我留下了极其深刻的印象：当年，她也才十七八岁，比我们大不了几岁；她个子不高，微胖，圆圆的脸，剪了个短头发；说话很轻很温柔，完全像个大姐姐。尤其她的齐耳短发，我觉得她就是我们那里的女八路，异常亲切。今年，王老师八十多一点，身体很好，我们夫妻俩经常和王老师见面。

小学毕业照（1956 年）

说到这里，还要说一下我们学校少先队。当时我们西湖区中心小学有少年先锋队组织：全校最高组织叫大队，有大队长；每个班叫中队，有中队长；一个中队内有若干小队，有小队长。

来杭州后，我也不主动提回家探望的事，尽管我非常非常想家。第一次回乡是在1956年暑假，刚好是我小学毕业的那一年。我在杭州的母亲陈化文很小就参加了革命，从未进过学校。1954年开始，浙江省成立了工农干部速成学校，我母亲就是该校的学生，刚好也是1956年放暑假，就带着我和一个妹妹一个弟弟，我们4个人第一次回山东——这也是我母亲1949年南下后第一次回山东省亲。

我那时住在北山街的一座小洋房内。北山街那些洋房原来都是资本家、大老板和军阀的，解放后都变成国有资产，给南下领导干部住。这些南下干部有的在山东结过婚、生了孩子的，南下以后，有的就把孩子接了过来。还有的呢，父母亲没有了，有的人家里有弟弟有妹妹，都是十几岁，跟我差不多年龄，也有的接了过来。这群孩子年龄差不多，都是山东人：一方面家里大人工作忙，本人没有文化，也没有人管；另一方面山东农村的教学条件跟杭州没法比，到这里读书跟不上，再加上话听不懂，就打乒乓啊打篮球玩，不太上心读书。还有一个原因，他们这批人跟着父亲来的，有的父亲到了杭州后就和老家的结发妻子离了婚，而后母对小孩子管教的很少；所以北山街我那么多山东小老乡，小学毕业后能读初中的没几个人，大部分直接到工厂里做工去了。北山街几十个干部子弟，最后读高中考上大学的只有极少数几个人。

小学时好像也有地理、自然课什么的，我每门课的成绩都是可以的。那时也蛮重视体育的，因为我人高马大，所以木马呀，单双杠什么的我都会，就是不太会唱歌，一唱歌就山东话，一唱歌大家就笑，连老师都笑。总的来说，小学时过得比较平淡，就是很用功读书，很听话。

我那时也有课外书看。开始我也不买，因为没钱。父亲当时在省府大楼工作，大楼里有个图书馆，我要看什么书，就写给老爸，他上班带给秘书，秘书到图书馆里借好给我，下个礼拜要什么书，再给他。尽管买不起书，但《暴风骤雨》、《林海雪原》、《山乡巨变》等长篇小说我都看过，都是从大楼图书馆借的。

1956 年 7 月初，邻班的李盛春、应长法两位团员介绍我加入了中国共产主义青年团，成了一名光荣的共青团员。直到小学毕业，我们班里就我一个团员。

保送十二中

父亲很重视对我的教育。1956 年要毕业的时候，学校要召开家长会，我回去跟父亲讲，结果那天晚上他就去参加家长会了，还叫了个车子。我陪他一起去，开好家长会我再跟他一起回来。我后边还有 5 个弟弟妹妹，读书那么多年，开家长会他从来没去过。这次参加家长会，老师讲了要保送我上初中的事，但我父亲没有告诉我这个消息，我是后来才知道的。放暑假不久，学校通知我们：要升学的，请到学校去报名。我到了学校后，班主任说："黄书孟你别报了，我们给你保送了，保送哪个学校你可以挑。"我高兴地回去跟我父亲讲学校给我保送了，我可以不用考了。他说："我参加家长会时就知道了，没告诉你。"

后来我就近挑了杭十二中。当时，我家住在北山街84号，杭十二中是离家最近的学校，在环城西路上。

杭十二中早在1928年就办起来了。1925年孙中山去世。1928年，为了纪念孙中山，杭州办了所学校叫中山中学，是一所私立学校。1956年上半年，政府把它接收过来变成公办学校，改名叫杭十二中，所以中山中学是杭十二中的前身。

杭十二中的校园是狭长的，东西很长，从现在的环城西路一直到武林路，就是很长很长的一条巷子，但是南北很狭窄。学校里有个天桥，上边是学生宿舍，下边有个过道，有办公室，后来我才知道那里是团委。去十二中报到那天，我刚从那里走过去，一个人叫"黄书孟，黄书孟"。我想："哟，这个是谁啊？"就走过去，说："老师好，老师好！"他说："你是不是黄书孟？"我说："我是黄书孟。""来来来！"叫我到他那个楼下办公室里跟我谈："你是初一乙班的学生，你们班里呢就你一个团员，哦，我是团委的，我姓韩，叫韩吾成。"原来他是团委副书记。"我是专门管你们的，你们班里就你一个团员，你来了后要到我这里来报到，我有任务交给你。"后来，韩老师交代我在班里发展团员。我第一个学期就发展了两个，加上我一共是三个，这样，我就当了个团小组长。到了第二个学期，又发展了几个人，便成立了一个团支部，我就当团支部书记。

我们初一乙班的班主任是语文老师，叫方慧英，是位女老师。她是我中学的第一个老师，她的先生也是十二中的老师。我初一进去，她就挑了我当班长。大概因为我是团员，个子又大，一当就当了三年班长。方老师讲一口标准的普通话，又严厉又慈祥，有时我觉得她就是我的母亲。再到后来，学校团委改选，我被选为学校团委的委员，分管学校团委的宣传工作，任宣传委员。所以我初中三年都是当学生干部：班长、团支部书记，还有校团委宣传委员。

三年初中的生活很有规律。我早上6点起床，7点左右就离开家，8点上课。从家走到环城西路再到学校大概要半个小时。我一出门就拿本小说，一直看到学校。放学后，再拿一本小说一路看到家。当时出的所有长篇小说我全部看完，

初中三年班主任方慧英老师（102 岁）

我喜欢文科。另外就是晚上看，看到什么时候算什么时候，看到后来就斜靠在床上睡着了，灯也不关，平常就是这样。周日，我基本上都是在学校里，特别是每隔一周的礼拜天，全天在学校，因为要出黑板报。

我买不起收音机，初一时我跟同学一起装了一个矿石收音机，就花两三毛钱买个小矿石和小耳机，通过组装，接上线，房子外面架上天线，就可以听到声音。这个矿石收音机，买的话要几块钱，自己装就几毛钱。但是它很难调，用大头针在矿石上擦擦，就有声音了。有时候声音很轻，我就趴在上面听。不管怎样，我觉得这个收音机还是蛮有用的。

初一刚开始时，我们是 5 个班，甲乙丙丁戊，我是乙班。到了初二，变成了 4 个班，流失的人很多。一方面，可能大家家里生活比较困难，另一方面社会上招工很多，很多人都主动退学工作去了。到了我初三毕业时，只剩下 3 个班了。

浙江省杭州市第十二中学学生成绩报告单

| 班级 | 初三乙 | 姓名 | 黄书孟 | | 1958年度第一学期 |

科　目	升级总评分	缺席	旷课	时	迟到	次	请假	次
语　文	5							
算　术								
代　数	5							
几　何	5							
三　角								
物　理	4							
化　学	5							
植　物								
动　物								
农业基础知识	5							
历　史	5							
地　理	5							
俄　语								
英　语								
政　治								
音　乐	5							
体　育	5							
图　画	5							
手工工艺								

奖惩　被评为四好红旗手
被评为钢铁突击手

操行等第 甲

操行评语

被评为四好红旗手……

校长　　　教导主任　　　班主任

初三年级成绩单

46

报考上海电影学校

1959 年 7 月，我将初中毕业。按照杭十二中领导的意见，我会在当年的 9 月升入本校继续读高中。但是，毕业前夕发生了一件事，差点改变了我的人生轨迹。

大概在这年的 6 月初，上海电影学校（属中专）来杭州招收电影演员，招生组的组长是著名演员兼导演舒适老师——我的偶像、男神。

舒适，1916 年生，浙江慈溪人。1946 年，他在香港与周璇主演《长相思》，与胡蝶主演《春之梦》，名噪一时。1952 年，他回到上海，任上海电影制片厂的演员、导演、编剧。他在 60 多部影片中扮演过重要角色，又导演过二十几部电影。他在电影《红日》中成功扮演国民党师长张灵甫，被誉为当代影坛"反派三杰"之一，红极一时。

我从小喜欢看电影。还在山东老家时，10 岁左右的我，晚上会跟着大人走十几里的山路去看一场露天电影，回来后激动得睡不着觉。

不知是巧合还是有意安排，舒适老师来杭州招生时，杭州各大影院正在放映电影《林冲》——舒老师不仅在片中饰演林冲，还是该片的导演。这部电影，我连续看了两遍还不过瘾。于是，我萌发了亲眼看一看舒老师和报考上海电影学校的念头。

招生组设在杭州孩儿巷的浙江歌舞团内。我就不管天高地厚地报了名。招生有初试和复试。初试在浙江歌舞团的一间小排练厅进行。在这里，我见到了久仰的舒适老师，果然是仪表堂堂、伟岸挺拔的一条好汉。我激动得浑身战栗、视线模糊，好久才平静下来。

初试的题目就两个字：尴尬。

一个老师解题说："在人头攒动的闹市区，你看到了多年不见的好友的背影，心里异常激动。你拨开人群，迅速上前，一巴掌拍在你老朋友的背上。可是，等那个人转过身来，惊讶又愤怒地看着你时，你发现这个人并不是你的老朋友……"

老师说完，就站在了排练厅的中央，代表我那个老朋友，叫我站在排练厅口，然后说："开始！"

于是，我按照招生老师的意见演了一遍。演完后，看看面试老师的脸上什么表情也没有，我的心凉了半截，傻傻地站那里，一动不动。

不知过了多长时间，一个老师对我说："黄书孟同学，明天上午到这里来听考试结果，你可以走了。"

我悻悻地离开了考场，心里一点把握也没有，只感到空荡荡的。在走回学校的路上，似乎什么也没有看到，只是感到很"尴尬"，感到自己在众位老师面前出了个大洋相。

第二天上午，我没有去上课，忐忑不安地去招生组听消息。

结果那个出题老师对我说："黄书孟同学，你初试通过了，祝贺你。这样，你回去准备一个自选节目，大后天上午来这里复试。节目时间不超过半小时，你回去准备吧。"

听到这个结果，心突突地直跳，我连谢谢都没有说，扭头就走。

在回学校的路上，我就决定用闻一多先生的《最后一次演讲》作为复试的节目——我很崇拜闻一多先生，这篇演讲我本就基本会背，对，就它了。

下午一上完课，我就跑步回家背《最后一次演讲》，一边背一边设计动作。同时，我在家里找了一条围巾，还向杭州市曲艺团借了一件长衫，向同学借了一副眼镜框（镜片打破了），关上房门，一遍遍全副武装地练习。

第三天上午，我准时赶到省歌舞团考试处，自己对自己说："沉住气，背水一战，行就行，不行拉倒，反正也没有人知道（我对同学们是保密的）。"表演完后，还是那位老师说："好啦，你回去等通知，我们会联系你的。"

返校后，我一边心不在焉地上课，一边等通知。第三天还是第四天，没等来考试通知，却等来了班主任方慧英老师的谈话。

方老师把我叫到她家里，非常严肃地对我说："黄书孟，你无组织无纪律，不和我讲，擅自去考电影学校。想当演员？你学习方向不明确，学习目的不正确，你怎么当班长当团支部书记？同学们知道了，会造成不良影响，你怎么交代？我们已经和招生的人说了，不准你去，安心学习吧……"最后方老师才告诉我："电影学校招生的人来学校调查你，了解你的学习和表现，我们才知道你去报考了，否则我们一直被蒙在鼓里。"

我的电影梦就这样破灭了。

事情还没有结束，在期末考试成绩单上的"品德评语"一栏中，方老师还没忘这件事，写上了我不安心学习，擅自报考电影学校，在同学中造成不良影响。

这份成绩单，我没敢交给叔爹婶娘看。

直升高中部

在杭十二中平稳地读了三年初中，1959 年毕业。当时我想考杭一中、杭二中，这是当年杭州最好的两所学校，但我们学校的老师不肯，班主任不肯，教导主任王祖勋也不肯。后来校长找我谈话，说："黄书孟同学，你不要考啦，就在我们学校好咧。我们会保送，初中保送高中。"这样，我就继续留在十二中又读了三年高中。当年，十二中高中共招了两个班，一部分是初中时的同学，另外从其他学校又招了一部分人。我高中时不当班长了，担任团支部书记。

三年高中，我年年被评为学校"五好学生"，还评过两次杭州市"四好学生"。应该说，这三年也是很平稳的。那时作业不多，等下午两节课上好后在学校里再做一个多小时的作业，就基本做完了。放学后我就是看课外书，同时还做笔记，把小说上的好词语、好句子摘录下来。这样坚持读书做笔记，对我写作帮助很大。中学六年中，语文老师经常在语文课上拿我的作文作为范文宣讲和点评，又进一步促进了我的课外阅读。

父母工作很忙，跟父母在一起的时间并不多。所以那时完全是自主学习，家长一般是不花时间精力来辅导和督促你的。我的情况是，家长虽然没有讲过一句话，但等我晚上睡觉后，有时会把我的书包拿去看，看我作业本上老师的批改。尽管一句话都没有，但这个无形的压力还是很大很大的，这就是对我的一种督促，体现了父母的关心。我决心每次作业都要做好，不要让老师在上面打很多叉叉。

我从小学，一直到初中、高中、本科、研究生，读书 20 年，所有的考试，只有一次是不及格的。记得我初中的时候，学三角函数，这个单元只考了个 40 分，没及格。我老实地跟家长说了，他当时什么话也没讲。第二天早上起来我发现，他在桌上给我留了一封信，告诉我要如何做，教我怎样去学习，要集中精力。从此以后，再也没有考试不及格了。

从初中到高中，我在十二中读了 6 年书。这 6 年应该说对我的影响还是很大的。这期间，家里发生了一些变动：1961 年 3 月，我杭州这个父亲从省委财贸部副部长调到温州地委当副书记。那时调工作与现在不同，调你到哪里工作，全家必须跟着走。所以全家人，5 个弟弟妹妹，还有我父母亲，全部到了温州。我正在学期中间，就留在杭州继续读书，到了 7 月放暑假再转到温州一中读书，读了一个月左右。在温一中，所有的老师上课都讲温州话，只有一个物理老师是讲普通话的，所以只有物理老师讲课我能够听得懂，其他的课我一概听不懂，只好放了学后抄别人笔记。因为第二年就要考大学了，所以我就下决心向家长提出来要回杭州。还好，通过组织联系，我又回到十二中继续读书，最后考大学还是在杭十二中考的。

去年春节，我到当时教我们政治课的团委书记何志庆老师家里拜年。他提起一件事，说："书孟啊，你记不记得，1962 年我跟你一起考大学的啊，你考取了我没考取。"1962 年考试前，我报考了杭州大学，政治老师何志庆也报考了，我们两个一起复习功课。当时我一个山东同学在延安新村的房子空着，我就借了他的房子，何志庆老师也和我一起在那里复习功课。晚上他回去了，我一个人，走廊里漆黑一片。夏天嘛，天很热，也没有空调、电风扇，到了半夜，我就开着门，在门口竖了两根竹竿，我想有人进来的话一碰到竹竿会有声音的。我从房间看走廊这两条竹竿是看不清楚的，实际上从走廊里对着窗子看这两条竹竿却清清楚楚——这是后来才知道的。有一天晚上复习到很晚，也不知道什么时候睡着的。等我早上起来的时候，除了身上穿着的背心和一条短裤，所有的东西都没

评为杭州市四好学生（1960 年），后排右三为本人，
中排右二为刘锡荣，前排右三为校长曾自福，右四为校团委副书记韩吾成

评为学校"四好学生"（1961 年）

左为恩师何志庆，时任校团委书记、高中政治老师（2019年）

了，连我穿的鞋子也给人家偷走了。邻居叫我报案，我来到派出所，派出所的人还把我审查了半天：穿着一件汗背心一条短裤、赤着双脚跑到派出所里来了！赶快给家里打电话，给温州地委打电话，通知我家里，给我点钱买衣服。值得庆幸的是，我的钱没有被偷走：我那时还有点钱的，因为这是个临时住址，我把钱放在学校寝室那边，藏在自己的一双很破的套鞋里。报案后我就回去把那个破套鞋找出来，翻出钱来，赶快去买衣服！当年高考前，出了那么一件事情，对我的复习迎考造成了很大的不利影响。

结果，我很幸运地考取了杭州大学政治系，何志庆老师考进浙江省委党校大专班。

身无分文

我父母对我生活上的管理是很严格的，不让我乱花一分钱。

从1954年5月进小学直到1961年3月我父母调去温州工作，我身上从来

52

没有一分钱，我下边的五个弟弟妹妹也同样身无分文。因为衣服是母亲买的，饭是在家里吃的，所以我也用不到钱。每次要买什么学习用品了，就回家向父亲要。比如，有一次，初中上政治课要学毛主席的《为人民服务》，五分钱一本（单行本），我回家向父亲要钱，他给了我一毛钱，我到班里交了五分钱，之后把剩下的五分钱再如数交还给父亲。

口袋里没有一分钱，有时也会难堪。我有过一件很尴尬的事情。我们学校上午第二节下课的时候，会有一个人会挑着豆浆、烧饼、油条、糯米饭到学校里卖。有些同学老师没吃早饭，这时候花六分钱买烧饼油条豆浆当早饭吃。我口袋里从来没有钱，是从来不靠近这个小贩的。有一次，我班里有个同学章通彰在那里买吃的，我刚好有点事情过去跟他说。结果呢，他叫那个小贩给了我一根油条、一个烧饼、一碗豆浆，已经买好了，这个不吃也不行了。我过了好几个月才想办法攒到六分钱，请他吃了一顿，才把这个人情还掉了。

父母亲调到温州以后每个月给我二十块钱，我变大财主了。你们别小看这二十元钱：那时工厂里的学徒工第一年才八元钱一个月，第二年十元一个月，第三年才十二元一个月。我从身无分文一下子到一个月二十元，那是一种什么情景啊！小财主！有钱！食堂里吃饭，一个月九块钱就够了，住宿什么的也不要钱。除了吃饭，我的钱干什么呢？第一个，买书。以前我大多是借书看，后来我就买。一些好的书，我就买了。第二个，看电影。八分钱一张票。逢星期六星期天，学生票四分钱一张。西湖电影院就在平海街，离十二中很近，我就到西湖电影院看电影。有时，我会带着班级同学一起去看，我请客。这时，我还订了《大众电影》杂志，够奢侈的了。

父母亲对我的关心，体现在许多方面。他们调温州后，除了每月给我二十元生活费外，还转给我一磅牛奶。虽然当时处于三年困难时期，但按职务级别，我父亲每天可享用一磅牛奶，每天早上天不亮送到家，属消毒牛奶，不用加工，可直接饮用。父母调动时，把牛奶转到十二中——当时，整个学校就我一份牛奶，我有点不好意思，每天就躲在传达室里偷着喝。

"一息尚存仍要读书"印（1960 年刻）

在十二中的时候，为了表达我要读书的决心，我花钱刻了一枚椭圆形的图章。鲁迅有句名言，叫"一息尚存，仍要学习"。我把它改编成"一息尚存，仍要读书"。当时，我对这个改动非常得意，认为很切题：我是学生，是读书人，读书人就要读书，就要好好读书，天天读书，一息尚存，就要读书。后来才慢慢体会到：读书就是学习书本知识，向书本学习，这当然是很重要的，但除了学习书本知识以外，还要向他人学习，向社会学习，向实践学习，甚至还要向敌人学习。

花一毛二分钱刻了这枚图章后，每买一本书，我就用它盖上这个印，填上买书的日期，然后细细研读。这枚小印章虽然只花了一毛二分钱，但没有每月二十元钱的收入，这枚小章也是刻不成的。这枚小章，对我买书、看书还是起了很大督促作用的。可惜的是这枚小图章现在找不到了，好在我那时买的书上都还印着这枚小章。

初当小干部

我刚进十二中读初一，就被老师选为班长，一当就当了 3 年。后来又被选为团支部书记。保送直升高中后，班长不做了，仍旧当了3年团支书。加起来，我一共在十二中当了6年支部书记。团支部的工作主要是发展团员，还有开展团员活动。我规定两个礼拜组织一次团员活动。当时，同学们入团的要求很高，首先出身成分要好，我们班里有一个女同学，学习成绩很好，是班里前五名，表现也很好，可惜家里是小业主，拖了两年才批准她入团。其次，学习要好，班里边要前几名。另外，表现要好，譬如骄傲自满、不团结、打架什么的都不能入团。我们班有个同学，此人绝顶聪明，后来当了省政府秘书长。他当时在我们班年龄最小，学习很好，就是比较调皮，我就一直没有发展他。后来，觉得很对不起他。现在，在省府大楼碰到或开同学会见面时，他都会开玩笑说："黄书孟当书记，不要我入团。"我只好说："惭愧惭愧，对不起！"

当时，班委和团支部在班里的作用很大，两个礼拜一次班会，全体同学都要参加。每一次班会都有主题，讨论班里的事情或者学习。我们团支部和班委商量好，这个礼拜班会的主题是什么，确定了以后，大家准备发言，准备好后再告诉班主任，请班主任来参加。所以班级里的事务，特别是高中的时候，班主任实际上是不需要管的，班委和团支部就协同解决班里、团里的事情，包括协调矛盾之类的，都能解决；还开展自我批评与互相批评。在十二中当了6年的团干部和班干部，对我影响还是很大的，很锻炼人。所以我建议，学生班团干部最好是轮流当，让每个同学都能得到锻炼。

我当校团委宣传委员时，主要有三块工作。第一块是负责全校团员的学习。全校各个年级、各个支部的团员，每两周过一次组织生活会，半天，学习、讨论。每次学习的内容和资料都是我这个宣传委员提供的。第二块是负责学校的黑板报。当时学校的黑板报每块大概有我们现在教室里黑板那么大，一共有15块，沿着杭女中的墙一路过去。这15块黑板报，两个礼拜出一次。每次出黑板报，我们从星期六下午开始，一直到星期天才能够出好，等到同学们周一来到学校的时候，就都是新的内容了。出黑板报，首先需要确定内容，然后通过各个支部，向每个团员及班级里的其他同学征稿。稿件来了以后，要挑选和修改。定稿后再组织出版；有抄黑板报的，还有做插图的，负责美术的。第三块工作是广播站。每天早上和下午课外活动时，还有中午休息时，都要广播。这个广播站，既要管人，也要管稿件。我挑了几个普通话讲得好的同学当广播员，他们负责广播，稿件由我提供。

中学毕业40多年后，有一次我带着家人在花港观鱼玩。突然一个人走过来问："你是不是十二中的黄书孟？"我说："是！"他说："你还记不记得，学校黑板上登了你一篇文章？"我说："什么文章？"他说这篇文章叫《搏斗》。我想起来了。高中，我父母亲调走之后，我住校。学校的臭虫不得了，爬到木板床上咬人，夜里咬得睡不着觉。后来我就写了篇稿子，起名叫作《搏斗》。一个同学给我插了幅图：一个男的，一个电灯，电灯放着光芒，表示夜里；男的赤膊，手上身上都是一块块血，表示挑灯夜战，跟臭虫打仗。星期天出好这期黑板报后，星期一第二节下课，我们校医务室的徐医生就来找我了："黄书孟啊，你这个黑板报出的不好啊，《搏斗》这篇是不是把它撤掉？"我说："为什么？"她说："这个影响不好啊！"我说："我没造谣，我写的是真实的情况啊，我不撤。"到了中午，总务主任也找我来，叫我把这篇黑板报文章撤掉，我还是不撤。后来，学校采取措施，把宿舍里的所有床铺搬到外面，把六六粉（一种杀虫剂）用开水锅煮了后，浇到那些床铺上，臭虫就没有了。所以，这个同学40年之后还记得我那篇文章，这说明宣传舆论是很重要的，是很有战斗力和影响力的。

那时，大家都在学习毛主席的《为人民服务》、《愚公移山》等著作。有一期黑板报的内容就是学习毛主席著作的心得体会，15块黑板报，全部都是这个内容。大家出黑板报的时候把通栏大标题空出来，出好后问我大标题怎么写。我想了半天，定了个通栏大标题——毛主席著作是知识的海洋、力量的源泉。这算是我一个中学生对毛主席著作的评价吧。我记得，这个通栏大标题刚好被杭州市教育局的领导看到了，还表扬了我。这个领导后来又在市教育局书记、校长会上表扬了我们学校，说杭十二中的黑板报办得不错。

勤工助学

我组织过一项活动，叫"劳动半日，订报一月"。意思是：一个月劳动半天，可以订一个月的报纸。我当时和杭州市园文局联系，讲好每个月到他那里劳动半天，拔除公园草坪上的杂草，半天六毛钱。当时《杭州日报》、《浙江日报》是六毛钱一个月，所以是"劳动半日，订报一月"。这样一来，我们班里每个人都有报纸，杭州的、浙江的……全国各地的报纸在一个班里边都能看到，还订一些杂志，如《大众电影》、《共青团员》等，大家一起看。这样就既参加了劳动，又解决了学习资料的问题，同学们都觉得这个活动还是蛮有意思的，这也算是勤工助学了。

杭十二中有一个农场——在现在的三墩，那时还完全是农村。春秋两季正是农忙时节，春天翻地播种，秋天收获。我们高中时，有时要去参加劳动，带着铺盖在那里住三四天。我作为团支部书记，当然要承担最苦最累的活。十二中前面有条河一直通到三墩。有一次，我们要通过这条河运肥料，那时肥料就是粪便。我们把学校化粪池里的粪便舀到木桶里，挑到河边的船上。船装满后，我们交替摇船，从环城西路一直摇到三墩。这个船很长很大，要从后边摇，船的中间放了个很长的木板，可以前后走动。有一次我走过去，一不小心，板翻了！人掉到了船里，满身都是粪便，又臭又苦，嘴巴里也有。爬出来就近抓着船舷在河里洗干净。虽然臭，但还是很开心。

还有就是采茶。每年清明前后，到梅家坞采茶一个礼拜，管吃管住，住农民家或礼堂里，还有钱给我们。通过采茶，既锻炼了自己，又赚到了经费，回去班里搞活动就有钱了，组织篮球比赛、羽毛球比赛就有奖金可以发。

大炼钢铁

1958年的时候，十二中操场上建了许多小高炉，参加全国大炼钢铁运动。我有三方面的工作。一个是运矿石，到闲林埠运铁矿石回来。二是到半山钢铁厂运焦炭回来。早上一早去半山装好焦炭，下午一两点钟大概可以从半山回来。到闲林埠那里也差不多。四个人拉一辆大板车，车上装得很多，两个拉两个推。那时真是又累又饿，早上一早吃好早饭就跑到半山，一趟车拉回来，衣服全部湿透了。在学校旁边的武林路吃中饭，炒年糕或汤年糕，八分钱一碗年糕，一个人要吃四碗。那时，我还评上了"大炼钢铁能手"。我第三个方面的工作是去北山街拆铁栏杆。当时，北山街从蒋经国故居进去，后面的房子都是有铁栏杆的。那个地方大家不敢去，因为那里住的都是省里的领导。

北山街84号原来有两栋老房子。国民党将领汤恩伯的房子就在那里，还有一栋更老的。1955年的时候，造了7幢两层楼的别墅。第一栋是当时的省长沙文汉住的。沙文汉被划为"右派"后，就是鲁迅的弟弟周建人住的，他接任浙江省的省长，后来是继任省长薛驹同志住，一号楼就成了省长楼。二号楼楼下是我家，楼上是浙江省委财贸部部长孙章禄。三号楼住着省委组织部的两个副部长，其中一个人的儿子后来当过宁波市市长、国家计委副主任、石化总公司总经理，受贿被判刑。四号楼住的是法院的院长和省委宣传部长。五号楼住的是当时的浙江省委副书记吴宪，他的大儿子叫吴胜利，后为海军上将、中央军委委员。六号楼住着省委常委、省人民检察院检察长和省委组织部一位副部长。七号楼就是副省长杨思一，后来被错划成了"四大右派"里的一个。这7幢小洋房现在都已荡然无存，全部被拆掉重建了，叫西湖山庄。

那个铁栏杆拆下来，就可以烧化成铁。北山街很多的栅栏，都是我带着他们去拆的。当时学校全部不上课了，你去运煤，他去运矿石。这些煤和矿石都需要敲碎，敲成一定的规格才能够炼铁炼钢的，所以女同学和力气小的男同学，就在学校里敲煤和矿石。我们力气大的就去运矿石、运煤、运焦炭、拆铁栏杆。大炼钢铁期间，停课停了差不多有一个学期。

除"四害"

在学校参加的另一个运动就是除"四害"。那时，除"四害"应该说是全国性的运动。"四害"，就是苍蝇、蚊子、老鼠、麻雀。蚊子怎么除呢？下午天快黑的时候，我们在脸盆里放一点水，用肥皂在里边擦一擦，然后把脸盆周围全部涂上肥皂液，就拿着这个脸盆到操场上、马路上到处去挥，去粘蚊子。第二个是打老鼠，不管哪里打的都算。打老鼠要验数的，班里专门有人验收，学校黑板上公布成绩。开始是你打到一只老鼠，把死老鼠拿过来，这就算数。后来发现那个老鼠拿来后很难处理，就改成了交鼠尾巴。一只老鼠反正就只有一条尾巴，你交一条尾巴就证明你打到一只老鼠。打麻雀靠一个学校不行，杭州市统一行动。譬如星期二下午打麻雀，各个学校的学生都拿着脸盆、洋桶去敲去赶，说麻雀飞到后来没力气了，没地方去，最后掉到地上会死掉。我们去赶了好几次，都没有看到一个麻雀掉下来。后来麻雀被平反了，不算害虫了，就由臭虫代替。除"四害"属于爱国卫生运动，除不除"四害"被提高到是不是爱国的层面上来。除"四害"不需要停课，要你哪一天集中，你就集中；而且一般都在下午，不大影响功课的。

这里讲一下为麻雀平反的事。当年除"四害"之初，麻雀定为"四害"之一。后来有科学家提出麻雀不是害鸟，是益鸟，是人类的朋友。这桩公案，争论了许久，后来由解剖学科做出判断：麻雀利大于害，属益鸟！由此，这桩公案得以解决：麻雀由全民共灭之的人民公敌变成人类的朋友，由敌我矛盾变为人民内部矛盾，予以平反昭雪，恢复名誉。之后，由臭虫代替麻雀成了"四害"之一。据说，这件事惊动了毛主席，毛主席还亲自作出了为麻雀平反的批示。

"反右"运动

我在学校里还经历了1957年的"反右"运动。

那时，我是初中二年级，按规定，中学生是不参加的，我们当然没有参加，但我经历了。当时浙江省公布了"四大右派"，叫"沙彭杨孙"。沙，就是浙江省委常委、省长沙文汉。彭，是指省委常委、省检察院检察长彭瑞林。杨，是指浙江省副省长杨思一。孙，是指省委财贸部长孙章禄。这被错划的"四大右派"全部跟我住在一个院子里，都是北山街84号。当时，孙章禄是财贸部长，我父亲是财贸部第一副部长，孙章禄住在我们楼上——一栋楼就住两户人家。有一天我放学回来，一回家就看到门口有两个公安在站岗。过了两天才知道，孙章禄被划了"右派"。院子里一下子就出了四个大"右派"，而且都是省领导——四个人都是省委委员，两个还是省委常委。这批人我们平时都熟悉的，见面都要叫叔叔伯伯的，现都变成"右派"了。我记得，沙文汉被打成"右派"前，他的老婆陈修良，当时省委宣传部的副部长，被打成"右派"了。教我们植物学的崔新民老师在十二中贴了一张大字报，写着"省长省长，一省之长，为何你妻是个混账"。过了一个礼拜，这个崔老师也变成"右派"了。再后来，"沙彭杨孙"四个人就被打成"右派"了。1957年"反右"的时候，我虽然还小，但印象还是很深的。

　　我单独说一下孙章禄部长。他和我父亲是省委财贸部的同事，一个正部长，一个第一副部长，同为省委委员，又同住一栋楼的楼上楼下。我和孙部长天天见面，见面就叫孙伯伯，这个孙伯伯怎么一夜之间成了"右派"，成了阶级敌人？那个晚上我翻来覆去，什么时候睡着的都不知道，心里想不通。孙部长的夫人叫许英，是省总工会的一个部长（我父亲的老部下），后来也被划了"右派"。之后，他们夫妻两人下放到富阳劳动改造，每个月发二十元生活费。他们有一个儿子叫孙旅砚，比我小五六岁，我们天天在一起玩的。他父亲母亲出事后，他成天躲在楼上不下来，我很想见他又怕见他，也不敢到楼上去找他。1978年，孙部长夫妇平反，摘去"右派"帽子，恢复原职级，彻底昭雪。但不久，夫妇俩先后被查出得了不治之症，相继去世。而他们的爱子孙旅砚在从富阳回杭探望母亲的路上，拖拉机失控翻车受了重伤，不治身亡。所有这些，经常会浮现在我的脑海里……

高考抉择

中学毕业照（1962年）

我高中毕业前夕，1962年上半年征兵，班里男同学都报名了，我作为团支部书记也不能落后，我也报名。但学校党支部书记吴波说，你黄书孟不要报了。我就问为什么不让我报，我家庭出身也好的啊！后来吴书记说："哈军工到我们这里来招生，那是保送的。我们选定你到哈军工去读书。这样你就不能去当兵，到时候也不要参加高考。"哈尔滨军事工程学院是当时解放军的最高学府，最厉害的。许多中央领导、部队首长的子女都是那里毕业的。因为要保送我到那里去，普通义务兵就不要去了。但后来我想了想，哈军工不能去，我看到数理化就头痛。高中毕业考试考完，我把我高中的书——除了语文、政治、历史、地理这种文科的书以外——数理化课本全部捆起来，拿到武林门街上的废品店卖光，八分钱一斤。我这辈子解放了，再也不要跟数理化打交道了，我是要读文科的。虽然我数理化成绩也很好，那个我是没办法的，为了考试，完全是应付，我就不喜欢数理化。以前每年推荐保送哈军工的人，只要体检、政审合格（政审、体检我都是没有问题的），就等着按照原来的规定，在正式高考前，发了军装，到哈军工去报到。

但是，1962年的军校招生却发生颠覆性的变化。军校招生一改以往规则：只要成分好、政审合格、体检合格，就不参加当年的高考，军校直接录取，就保送。当年，不仅全军只有哈军工一所高校招生，而且政审、体检合格后，也要参加高考。更要紧的是，哈军工是工科院校，是以数理化为主的，但我讨厌学数理化，所以我主动放弃了。

当时，我的理想有三个。第一个理想，当外交官。第二个理想，成为一个农民作家。我对农村题材的小说非常有兴趣，因为我是农村里长大，农村里出来的，对农村生活很熟悉，所以想当个农民作家。我想当个像赵树理那样的，大学读好，到农村里去，就住在一个地方，甚至回到我的老家，那里有无数的题材可以写，有源泉。第三个理想，从事政治。实际上，最后还是走上了学习政治理论这条路。

选择政治理论这条路，实际上是受家庭的影响。父母亲都是政府的官员，都是搞思想政治工作的，所以家里面的书，还有很多材料和文件，我都会翻着看。还有，平时的交谈交流，还有老同志来，说革命时期哪一年在哪里打仗，什么人什么样，都讲这些事情。所以，放弃哈军工之后，1962年我填的志愿就是杭州大学政治系，不服从调配，考得取就去，考不取我明年再考。我原来最想考的是解放军政治学院和解放军外语学院，但那一年不招生。我外语很好，学俄语的，在班里是俄语的课代表，当年"встать"、"сидеть"叫了三年——就是"起立"、"坐下"。放弃哈军工之后，我就只好自己考了，报考了杭州大学政治系，如愿以偿，被录取了。那一年杭大政治系招了60人，教育系、历史系、地理系等只招了10人。

1962年的高考，是一次非常特别的高考，是新中国成立以来竞争最激烈的一年，也是13年来录取率最低的一年，真是惊心动魄！（见表1）

表1　1957年—1962年全国高校招生录取率

年度	1957	1958	1959	1960	1961	1962
录取率%	42.06	97.80	83.79	92.00	45.43	24.31

从上表可看出，1962年能考取大学的学生成绩都是非常优秀的。

此外，1962年的高考，大幅修改了政治审查标准，大大放宽了对考生家庭和社会关系的要求，强调看考生的个人表现，明确"地、富、反、坏、右分子"的子女除了进一般专业，还可以进入机密专业；特别强调考试成绩，强调在分数面前人人平等，严格从高分到低分依次录取。

在这种形势下，杭州大学学生的录取发生了非常明显的变化：烈士子女和地主子弟同时考进政治专业学习；全校 1962 年仅录取新生 599 人，不及往年的四分之一。

我在杭十二中读书 6 年，和老师、同学结下了深厚的情谊，至今和何志庆老师、方慧英老师，与刘锡荣、宋心泉（他的肚子很大，同学们都称他"带球跑"）、祁成龙等同学，都保持着联系，每年举办一次同学会。

我从 1966 年大学毕业，即从事教育教学工作，努力教书育人、为人师表，认真传道、授业、解惑；教过初中、高中，教过大专、本科，带过研究生，凡 40 余年，不怕燃尽自己，唯恐不能照亮别人。

我从 1950 年进小学读书当学生，至今已 70 年。70 年来，我要么当学生（20年），要么当教师，未离开学校一天。

我之所以安心于教育教学工作，这个中的缘由，除了教育教学工作是党和国家事业重要组成部分外，我小学、中学、大学老师——特别是小学班主任王玲玲、中学班主任方慧英、大学班主任边鹏飞和中学政治老师何志庆——对我影响极大，使我立志当一名教师，乐于终生从事教育教学工作。

老师是我的恩人，我视老师如同父母，逢年过节我都会去看望我的老师，向他们请安问好，祝福他们健康长寿。

第三章

就读杭大

在杭州大学政治系，我们的主课有四门。一门是辩证唯物主义与历史唯物主义，就是马克思主义哲学。第二门课是国际共运史，就是科学社会主义。第三门课是政治经济学，主要读《资本论》。第四门课是经典著作，就是马恩列斯毛经典著作选读。我在杭大读书时间是1962年到1967年。本来我们应该是1966年毕业，但由于"文化大革命"，晚一年分配，所以我在杭大共待了5年。

应当说，这段时间政治氛围还是比较紧张的，中间最大的问题就是三年困难时期，第二个就是中苏关系恶化。当时，国际环境是非常非常复杂的。我在读大学期间，苏联领导人挑起了中苏论战。中共中央相继发表9篇评论苏共中央公开信的文章，批判赫鲁晓夫修正主义，论述国际共产主义运动的总路线，一评、二评、三评、四评，一直发到九评。1964年11月21日，《红旗》杂志发表社论：《赫鲁晓夫是怎样下台的》，为中苏论战画上了句号。

除了四门主要功课外，我们还有中共党史、形式逻辑、自然辩证法、古代文选、俄语、文学欣赏等许多课。那时《红楼梦》很热，有个老师给我们讲《红楼梦》。他问我们，林黛玉临死之前说的最后一句话是什么？这句话就是："宝玉，你好！"他就从这句话讲起："宝玉，你好！什么意思？为什么要说宝玉，你好？"他从这句话开始讲起，倒回去，整个《红楼梦》串起来讲，非常非常精彩。这位教书先生很懂教学方法，我印象深刻，而且对我以后的教学产生了很大影响。

上了大学以后，我主要是看政治理论、人物传记、历史资料方面的书，看马克思、恩格斯、列宁、斯大林的传记，小说已经看得比较少了。

大学生活

进杭大后，政治系第一次开会，相当于现在的始业教育。我们的系办公室主任胡仲英给我们讲话，提出了"三不准"：第一，不准谈恋爱；第二，不准结婚；第三，不准跳舞。当时他40多岁吧，他说："我30岁才结婚，现在有4个孩子，所以你们急什么？你们不要急，你们现在才20来岁嘛，有的才18岁，不要急。"那个时候要求是很严格的，学校里没有舞会，不准跳舞，因为那时把交谊舞视

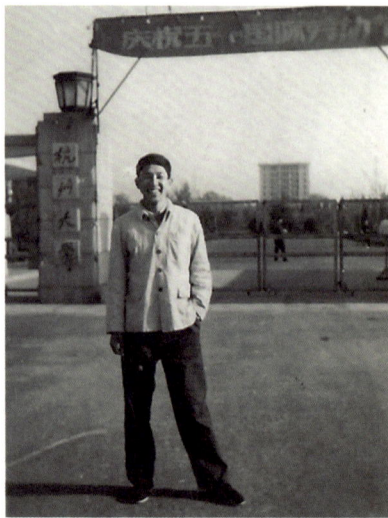

杭州大学校门口（1964年）

作是资产阶级情调。每个礼拜六晚上放电影，在学校大操场。冬天冷了，下雨了，就在食堂。每个礼拜两场电影，每场票价三分钱，放的都是新影片，国内国外的都有。

20世纪60年代，什么东西都要凭票的，粮票、布票、肉票、糖票、香烟票、肥皂票等等。一个月给你猪肉几两，香烟几包，火柴几盒，猪肉几两，糕饼几两，都是要凭票的。中学时候烟票、火柴票是不发的。到了大学后，开始发烟票，发火柴票了。那时，一个人一个月发4张糕饼票，我是不会到店里买糕饼吃的，女同学发了烟票不要，就跟我们换糕饼票。我们一批人就开始抽烟了。后来，烟越抽越凶，我戒烟戒了几十次了，但每一次都以失败告终，现仍行走在戒烟的路上，但愿不要永远在路上。

我同班有个室友叫刘东平，是部队干部子弟，长得一表人才。这人的脚老出汗，冬天也出汗，所以他的袜子特别臭。他每天都要换袜子，袜子换了以后就丢到寝室里不肯洗。他家里条件比较好，母亲很宠他。他有一把小提琴，但不给人家碰。我小时候拉过二胡，很想学小提琴。我就跟他谈条件，我说我给你洗袜子，你让我拉小提琴。这样，我每天下午课外活动、晚饭后就学拉小提

琴。从最简单的曲子开始，慢慢能够拉《梁祝》，这是我用劳动换来的，我们两人有秘密协定，别人都不知道。但是，我没有给他洗几次，他感到不好意思，就不让我洗了，但小提琴仍然让我拉。

在杭大，我们一个寝室大概是 20 多平方米，一般住 6 个人，4 张高低床，一张空在那里，用来放行李、箱子和面盆之类的东西，条件紧张时住七八个人。我们班一共招了 60 个人，9 个女同学，男同学一个寝室成立一个行政小组，每个小组搭配一个女同学。我们小组女同学先后是徐云英、严珠凤。这个阶段，我还是想读书，所以不是太积极地参加其他活动。当然，班里面矛盾还是比较多的，有的矛盾还比较尖锐，经常开辩论会，有时开批判会，还有婚恋问题，我一般不参与。我没跟任何人结怨，一视同仁，和平共处，没有关系不好的，也没有好得不得了的。倒是大学毕业后，和几个同班同学走得特别近，关系密切起来，不见就想，见了亲如兄弟，如南泉洁、陈绍雄、王钧泽、姜绪旺、汪安生、张永坝和何文禄同学，还有热心肠的老班长叶逢林等。这个时候没有任何功利可言，互相之间只有纯粹的友谊。

这里有两个同学不得不再说几句（毕业半个多世纪了，我们一直都保持着联系）。

一个是老班长叶逢林，温州乐清市人，党员，调干生。他阅历广泛，经验丰富，思想活跃，极有热心和爱心，曾任乐清市人大常委会副主任，老骥伏枥，忧国忧民，曾 6 次登上北京人民大会堂讲台发表演讲，是一个极不安分的不知老之"已"至的老小孩，天真而又可爱可亲！

一个是南泉洁，温州城里人，年级团支部书记，全班同学都亲切地叫他"老南瓜"。毕业后，任职于中共温州市委。我们俩不仅五年同窗，还四年同寝室，还是上下铺！他传统正派而又与时俱进，是一个心地善良、诚实厚道的人，是一个温良恭俭让的爷们，说话不紧不慢，细声细语，颇有长者风范。

令人痛惜的是，同班同学中，已有 1/3 驾鹤西去了。

"四清"运动

大学期间，正赶上"四清"运动。

"四清"运动，是 1963 年到 1966 年中共中央在全国城乡开展的社会主义教育运动，简称"社教"。"四清"的内容，在农村中开始是"清工分、清账目、清仓库和清财物"，后演变为"清思想、清政治、清组织和清经济"。我们是 1964 年 11 月 23 日到诸暨参加"四清"运动的，1965 年 7 月 15 日回到杭州。当时的"四清"运动，在中共浙江省委的直接领导下，一个县派一个工作团，每个公社派一个工作队，大队叫工作组。进驻诸暨县的工作团，是由中共丽水地委干部（地委副书记王志兴带队）和杭大师生（杭大党委常委、宣传部长辛航带队）组成的。我们进驻的是诸暨县街亭公社朱龙大队工作组，组里都是龙泉县委干部和杭大政治系师生。我们组有十来个人，组长、副组长是龙泉县委干部。组长是龙泉县林业局局长，两个副组长是公社党委书记，我们七八个学生跟他们组成一个工作组。

我们去了后，要实行"三同"：同吃、同住、同劳动。工作具体来讲，就是每天上午参加劳动，农民怎样劳动，我们就怎样劳动；他干什么活，我们就干什么活。最厉害的脏活是撒猪栏粪——猪栏粪就是猪圈、牛栏里的肥料。猪圈一般是一个池子，把稻草堆进去，猪牛羊拉屎小便都在里面，积多了以后，要把猪栏粪从池子里挖出来，弄到车子上，拉到地里边，然后把粪撒到田里去。这些都是要用手做的。那个手，你怎么洗都没有用，板刷刷了都没有用，一身味道。特别是中午吃饭，两手端碗拿筷子，离鼻子很近，一股猪粪味。还有一个是割稻子，打稻子，再挑回来，这个活是比较重的。上午割稻子、打稻子，中午挑回来，我劳动力还算挺强，每次可以挑 160 斤。

"同吃、同住、同劳动"，就是我们工作队员要住到真正的贫下中农家里去，和他们同吃同住同劳动，帮助他家里干活。老百姓吃什么，你吃什么。当时，我们二十刚出头，还在长身体阶段；每天的劳动强度又大，中午吃饭要吃三大碗，胃口很大，有时连自己也不好意思，只好吃个大半饱就不再吃了。还有，

社教时给农民家排水（1965 年）

社教时每天早晚在村边毛竹林
读毛主席著作（1965 年）

我们的同吃里边有具体规定：不能吃鱼吃肉吃鸡蛋——就是不能吃荤菜，只能
吃蔬菜。这样一来，肚子里没有油水，饭量就大了。房东本身挑的是最穷的贫
下中农，他们本身粮食就短缺，我们胃口特大，时间一长，房东也撑不下去了，
嘴上不说，心里苦不堪言，负担很重。另外，我们都是年轻人，劳动强度又大，
长期不吃荤菜也渐感体力不支。经工作团研究，同意各个工作组自己开伙吃饭。
我们就从与农民同吃，改为自己烧饭吃，由一个组员专门买菜烧饭。住的方面，
农民家里条件本来就很差，稍微好点的房子人家都自己住了，你去了后，就住
牛栏边上、猪栏边上，都很正常。当时，我住在贫农张富贵家里，我就睡在猪
栏边上，夜里和猪一起打呼噜——每天晚上上演人猪二重奏，照样睡得很香，
倒也各得其所，不亦乐乎！

　　我们上午参加劳动，下午工作组开会或自己学习，学习有关社会主义教育
运动的文件，学习毛主席著作，大家交流发言。在诸暨的那段时间里，只要不开会，
我每天下午在竹林里看书。《毛泽东选集》一共四卷，我从第一卷读到第四卷，
通读了四遍；重点文章反复学，并做了大量笔记和学习心得体会。后来到了杭

师院，我能够在浙江省高校第一个开毛泽东思想概论课，是因为我对毛主席著作太熟悉了。

接受毛主席检阅

1966年8月18日，毛泽东主席身穿军装，在北京天安门城楼接见100万红卫兵。

8月25日左右，北京传来消息，说毛主席又要接见红卫兵小将了。班里十几个同学相约，扒上当晚杭州开往北京的火车。火车开了两天一夜，终于到达北京，我们住进了北京新华门小学红卫兵接待站。第二天，得到通知，说毛主席8月31日要第二次接见红卫兵，我们做好了各种准备。

8月31日下午二点，我们住在新华小学的全体红卫兵，排着整齐的队伍步行前往天安门广场。到了广场后，所有的红卫兵排成若干个大的长方形队伍，中间留有很宽的过道。领队告知我们，毛主席要坐敞篷车来检阅我们，要我们耐心等待。

天慢慢地黑了下来，毛主席还没有来。

大约到下午6时许，天安门上的灯亮了起来，绿色的探照灯也开始扫视天安门广场。我们都以为毛主席要来了。过了好长时间，广场上高音喇叭广播：红卫兵小将们，由于广场上秩序混乱，汽车无法通行，今天的接见取消，请红卫兵小将们返回住地，等候接见的通知。

我们每个人都非常失望，很不甘心地开始撤离天安门广场。走了很长一段路，我才发现自己外衣上的扣子全部没有了，鞋子也没有了，赤着双脚。我一叫，大家都惊叫起来："啊，我的衣服扣子也没了，我的鞋子也没有了！"原来我们疯狂拥向天安门城楼的时候，实在太挤了，衣服扣子扯掉了，鞋子也踩掉了，但当时却一点感觉也没有。

回到住地新华小学，大家的情绪仍然很激动，你一言我一语，连最后是什么时候怎么睡着的都不知道。

第二天一大早我们就起来了，大家相约去天安门广场找鞋子穿。到天安门广场一看，地上到处都是各种各样的纽扣，各种各样的鞋子一堆一堆地堆放在广场，就象一座一座的小山。我赶快跑过去，找一只试一只，终于找到两只适合我脚大小的鞋子，但颜色和式样都是不一样的，顾不得许多，合脚就行！

在北京等了几天，一直没有毛主席接见红卫兵的消息，我们到北京大学、清华大学看了两天大字报后，便回到了杭州。

10月15日左右，北京又传来消息：毛主席又要接见红卫兵了！我们立即打点简单的行装，当天扒火车进京。

这次，我们住在浙江省人民政府驻京办，距天安门广场很近。

根据通知，10月18日早上6点早饭后，由解放军大卡车把我们拉到中国农业展览馆门前，然后在公路两边排队，等待毛主席接见，前边坐三排，后边站三排，队伍非常整齐有序。

下午1时10分，毛主席和中央首长乘坐的敞篷车队来了。

当时，毛主席穿着军装，戴着军帽，右手臂上戴着红卫兵袖章，神采奕奕，满面红光，微笑着向我们招手致意——我们距毛主席的汽车也就5米左右，看得十分清楚！我们拍着双手，大声呼喊"毛主席万岁万岁万万岁"的口号，每个人都激动得满脸通红、满头大汗。

"文革"大串连

十年"文化大革命"中，一个重要阶段就是红卫兵全国"大串连"。大规模的串连大致在1966年7月至1968年。其中，高峰期在1966年下半年到1967年上半年。当时，全国大中学校停课，工厂停产，踢开党委闹革命，大字报满天飞，批斗会接二连三。

我们在北京接受毛主席检阅后，何文禄、杨田运、陈文淼、黄文德、沈云兰和我商定从北京出发去串连。

到了北京火车站后，由于车站人山人海，我们6人无法集中上火车，便决定两人一组上车，第一站到重庆，下车后在车站会合。

我和沈云兰一组，我先托她从窗口爬上车，她再把我拉上车（车门口堵满了人，根本无法挤上去）。

车厢内人里三层外三层，座位上不用说，行李架上躺着人，座位底下躺着人，厕所里站满了人，站在那里脚都没地方放！

火车经过近20个小时的行驶，终于到达重庆火车站。这20个小时，没吃没喝，一直站在那里。火车中途在野外停过几次，车上人约定：男左女右大小便。每到车站停下来，车上的人争先恐后下车，或者上厕所，或者去自来水龙头上喝水。

我们在重庆下车后，左等右等不见杨田运和何文禄两位同学，估计他们两人在北京没挤上火车。我们到了重庆大学接待站安顿后，借了纸笔写了一张给他们二人的通知："杨田运、何文禄同学：我们住重庆大学体育馆，速来找我们。"果然他们是北京上不了车，第二天来重庆大学找到了我们。

10月18日毛主席在北京第三次接见红卫兵后，100万红卫兵小将撒向全国各地"大串连"，各地接待站爆满，吃住十分紧张。我们四人不分男女被安排住重庆大学体育馆。我们进去一看：没有床铺，没有席子，没有棉被，只有地上铺着厚厚的干稻草。晚上，我们便和衣睡在稻草上。半夜里，我被冻醒，实在不行，我便把稻草盖在身上，因为暖和了一点，很快就入睡了。但后来又被冻醒，一看，身上的稻草全部没有了，仔细一看，原来被后来的人抱走了。于是，我便从他人身上抱回一些稻草盖在自己身上。第二天早上起来，你看看我，我看看你，相视而笑：每个人身上都是稻草，灰头土脸，尤其是女生，头发上都是碎稻草，很是狼狈。

我们在重庆山城住了几天：去几所大学看大字报，参加他们的批斗会；瞻仰了红岩村；参观了白公馆、渣滓洞集中营。然后到了成都，又从成都到了西安——我们的目的地是延安。

我们从成都坐火车到了西安，在西安滞留两三天后，从西安坐火车到了铜川，再从铜川坐解放军运送红卫兵的大卡车奔赴革命圣地延安。汽车从铜川到延安

"大串连"在北京（1966年）

"大串连"在延安（1966年）

开了 12 个小时，中途参观瓦窑堡会议遗址。

我们到西安时，已是 11 月中旬，西北的天气已经很冷了。而此时，我们穿的是 10 月从杭州出发时的夏装，脚上穿的是塑料凉鞋，下身穿人造棉单裤。所以，在西安红卫兵接待站，我借了一件棉大衣，借了一双布鞋。

我们到达延安时，延安已下过大雪，屋檐上挂着冰柱子，一片冰天雪地，人冻得浑身发抖。我们怀着极大的热情和崇敬之心，瞻仰了杨家岭、王家坪、枣园、七大会址和宝塔山等革命胜迹，拜访贫下中农、烈军属和英模人物，受到深刻的革命教育。

在延安期间，发生了一件小事：有一天早上醒来后，我在西安借来的一双布鞋不见了，怎么也找不到。这时的温度是零下，我便赤着双脚跑到红卫兵接待站，又借了一双布鞋穿。

我们是 10 月 15 日离开杭州北上北京的。我们从北京到重庆到成都，从成都到西安，从铜川到延安，再回到杭州，历时 45 天。在这 45 天中，火车、汽车免费，吃饭免费，住宿免费；每到一地，都到各地的大学、省委机关看大字报、抄大字报，参加当地的批斗会，向当地红卫兵组织负责人"取经"。

这是我在"文化大革命"期间唯一的一次串连，印象深刻，终生难忘。

毕业分配

我们考进杭大时，招的学生都是浙江生源。但是等到分配时，正好是"文化大革命"，就是全国分配了。有分配到北京的、福建的、黑龙江的、四川的、广西的、湖北的……有一半多的同学分到外地去了，能够留在浙江的同学只有十几个。

大学招生是有计划的，由国家统一掌握，根据需要确定每年的招生数量。譬如，2008 年国家大概需要多少干部，那么 2004 年就招多少大学生。所以你今年招生的大学生数量，就是四年后国家增加的干部数量。因此，大学每年招生数量是不一样的。1962 年考大学时，我们老师就说，今年的招生是很少的，你们要好好地准备功课，争取考上大学。像我们高中毕业考上大学是一条路，考不上大学的人就是知识青年，就要到农村里去了。有一部分可以顶替父母：父母退休了，让你顶上，一个顶一个，指标就那么多，那叫顶职。除了顶职的，不是独生子女的都要下放农村当知青去。当时我们老师一句话很形象，就是你想穿皮鞋还是想穿草鞋，就看你自己了。考上大学穿皮鞋，考不上大学穿草鞋——就是到农村里去。

当时，你考上大学就等于给了你一个干部指标，将来就是干部，国家包分配。只要你考进去，只要你能够毕业，工作是一定有的，国家包分配。这个分配是国家根据需要来的，哪里需要人就到哪里去。每年的 11 月，人事部门会发通知到各个单位：你明年需要增加多少人，要求什么样的人，把你用人的计划报上来，然后国家再根据今年毕业的人给你调配。个人意愿可以提，假如把你分配到广西，但是你想分到山东，那你可以提要求：你为什么要到山东？理由是什么？能够照顾你的，会照顾你。刚好山东譬如也需要这样的人，原来是另外的人去，你有特殊情况，就能照顾你，就会分配你到那边去。但是最后必须服从国家分配；不服从国家分配，超过 3 个月不报到，你这个指标就取消了，你就到社会上去了。

1966 年 6 月"文化大革命"正式开始前，杭大毕业生的分配工作已经都做好了。当时，我也不知道自己分到哪里去。后来造反派造反，把政治系总支砸烂了，领导都被批斗了，分配方案全部作废。1967 年 10 月，我们被派遣报到时，我碰到浙江省人事局管大学生分配的一个熟人，他说你原来是分到哪里哪里的。这时我才知道，当时外交部到浙江来要一个学政治理论的，一个学英语的，学校把分配方案报到省里面，省人事局看过后，认为我是比较合适到外交部的，就把我调配到外交部。但是，由于后来造反派夺权，省里的分配方案作废了，又重新分配了。重新分配时，造反派已掌权，是由造反派分配的，我被分到浙江省衢县，我由北上变成南下——这也是一种南辕北辙吧？

分配到衢县的时候，我也不知道自己要去当老师。介绍信是开到衢县革委会政工组的，政工组又开介绍信叫我到县教育局报到。到了教育局，教育局说你算报到了，到哪里去，我们再研究，明天我们会告诉你的。第二天我再去县教育局，人事科的人说："现在有两所学校需要人，最需要的是大洲初中，怎么样？"我说："好的，我服从分配。"我就到大洲初中去了。

大洲初中的全称是浙江衢县大洲公社初级中学，距离县城50里路，是县里比较偏远的中学，位于大山里。分配到那么偏僻的地方去，我是有些想法的。但这毕竟是我的第一份工作，我的心很快就安定下来了，主要有这样几个方面的原因。

一个这是我读书17年后的第一份工作，也就是说第一次参加工作，应该说我是很珍惜的，就是说我必须要安下心来。

第二个，我们1966年毕业前夕，学校对我们进行了毕业分配教育。当时，党和政府提出毕业分配要四个面向：到农村去，到基层去，到边疆去，到祖国最需要的地方去。这既是政府的号召，也是我们毕业生的决心。所以说分到偏远的地区，分到最艰苦的地方，我思想准备是有的。我们班招进来的时候是60个人，后来陆续转学进来几个，也有退走的，到毕业的时候也是60个左右的人。这60个人，就是按照这个原则分配毕业了，有分配到黑龙江的、四川的、广西的、北京的、湖北的、福建的，当然还有留在浙江的。我算了一下，至少有8个省区市。所有的人都是服从分配的，没有一个说我不愿去，闹情绪的。那时的毕业生，就是那么一个心态：祖国的需要就是我的志愿。

第三个原因，我对农村不陌生，对农村的生活还是习惯的。我14岁才离开农村。到了14岁，人已经大体定性了。我在农村养成的习惯，就是不怕苦，到现在也是不怕苦。什么样的生活都能够过，这就是我们这代人的情况。而且，我原来有一个志愿，就是到大学里读中文系，学点知识，毕业后就到农村去，住在农村里，像赵树理、柳青这些老作家一样，专门写反映农村、农民的作品。所以，到农村去，我原来就有这个思想准备。

另外，还有一个很重要的原因，我认为杭大给我的毕业鉴定写得不好，因为我属于"保皇派"。我后来才知道，当时对我的鉴定是这样写的："黄书孟同志，在'文化大革命'中，对毛主席的革命路线，对无产阶级'文化大革命'，很不理解，很不得力，犯了方向性、路线性错误……"说我犯了方向性、路线性错误，在那时是很严重的，就是犯了政治错误——学政治学马列的犯了方向性、路线性错误，那还得了？我们大学同学中，凡是犯了"方向路线性错误"的人，无一例外都分配到了农村、基层，都去了最艰苦的地方和单位。所以，尽管是分配到这里，我还是满怀希望和激情到大洲初中按时报到。当时我总的想法就是，读书读了17年，已经28岁了，正式分配到工作，终于能够自食其力了，国家发工资，不要依靠家里边和父母亲来生活了。所以我当时是踌躇满志、心情愉悦、斗志昂扬的。我就是怀着这样的一种心态投入到工作中去了。

"方向性错误"

我们每个人的毕业档案里都有一份鉴定，这个鉴定就是学校对我们在杭大的五年里政治上、思想上以及学习、生活等各方面表现的总结和评价。这个鉴定对每一个学生来讲都是非常重要的。你到了单位以后，怎么样用你，把你放在什么岗位上去，重用你还是不重用你，就看这张鉴定。比如：你是不是党员？是党员的话，一般来讲各方面表现都是很好的，到哪个单位都是放到重要岗位上去用的；不是党员那就是另外的用法。但这个鉴定是保密的，不给本人看，不需要本人签字的。我们毕业一年后，学校发了个通知，一个是给单位的，一个是给我们个人的。通知上说，当时给我们的鉴定是在运动中做出的，这份鉴定作废（也就是承认这份鉴定是错误的，不符合实际的），由本人取回来烧毁。也就是说，要组织把这份鉴定还给我们本人，然后销毁。我就拿着这个通知跑到县里把这份鉴定拿回来了。这时候，我才看到这个鉴定，所以我到那里之后肯定受到影响了，把我分配到离县城最近的大洲初中去了。

按常理，我本来是可以不分配到大洲初中去的。因为那时我已结婚，我的妻子就在衢州化工厂工作。大洲初中在县城的西南面，衢州化工厂也是，衢化离县城15华里，大洲距县城50华里；我从衢化去大洲上班要走35华里路，当时不通公交。再说了，衢州化工厂旁边就有一个花园中学，离衢化只有 1 华里路，而且当年也分了两个大学生去。所以，如果没有我那个"犯了方向性、路线性错误"的鉴定，把我分到花园中学是最合乎情理、最人道的。把我分到大洲初中，使我过了 7 年夫妻两地分居的生活。

五次同学聚会

在老班长叶逢林、团支部书记南泉洁的力主和班里大多数同学的强烈要求下，我们班同学于 2007 年 10 月 8 日，从全国各地赶到杭州参加第一次同学聚会——这是我们班同学相识 45 年（1962 年 9 月报到相识）、离别 40 年（1967 年 10 月分配工作）后的第一次聚会。

我们的母校杭州大学在杭州（此时浙大、杭大、农大、医大四校已合并近 10 年），同学们在这里生活学习了 5 年时间，感情极深。一部分同学毕业 40 年没有回过杭州（尤其分到外省的同学）；又因当时我还在岗位上，手中有些资源可以用，所以第一次同学聚会一致要求放在杭州，而且指定要住老杭大专家楼。

由于 10 月 1 日至 7 日是国庆长假，杭州的游客会很多，为了避开人流高峰、方便吃住行，聚会定在 10 月 8 日报到，前后三天时间。

可惜人算不如天算：10 月 8 日这一天，五十年一遇的"罗莎"袭击杭城——"风狂雨骤、水深过腰，天昏地暗、交通中断，墙倾楫摧、行人断魂"（当年我在纪念相册《风雨四十话别离》上写的一段话）。同学们克服种种困难，从广西、四川、北京、福建，温州、舟山等地如期赶到杭州；有的同学全身湿透，行李丢失，场面十分感人！

我们当年的班主任边鹏飞老师偕夫人，年级主任朱文忠老师偕夫人（专程从上海赶来）和部分任课老师参加了我们的座谈会。

座谈会上，有 29 位同学争相发言：感谢母校的培养、感谢老师的教诲、感谢同学的帮助，诉说分别 40 年的风雨人生和家庭事业，个个情绪激动，饱含深情，不少人眼里噙着泪水。

我的发言比较简略：老婆一个，原装的；儿子两个，亲生的；房子一套，房改的；银行卡一张，学校发工资的……引得同学们哄堂大笑并报以热烈掌声。

同学会的三天里，同学们尽情地徜徉在杭州大学的校园里，回首峥嵘岁月，恰同学少年，风华正茂，指点江山，激扬文字，挥斥方遒，粪土当年万户侯！

同学们在参观新浙大紫金港校区时，受到了原中共浙江省委常委兼秘书长、时任校党委书记张曦同志的接见。张书记发表了热情洋溢的讲话，并与同学们合影留念。因为张曦同志是原杭大政治系 67 届毕业生，是我们的师弟，读书时就相识，所以同学们倍感亲切。

由于有的同学 40 年未见过面，报到时出现了这样的情景："你是谁？你叫什么名字？""我是谁，你叫得出我的名字吗？"——朝夕相处 5 年整，40 年后相见不相识了！什么苍天不老，什么岁月无痕，统统都是人们的主观愿望、美好理想！人间正道是沧桑——一切皆变，唯变不变！

这次同学会商定，以后每两年举办一次同学会，于是有了由叶逢林、南泉洁操办的温州同学会，由汪安生和林信康同学操办的舟山同学会，由沈世雄和沈友庆同学操办的绍兴同学会。在第四次即绍兴同学会上，同学们一致提议：在我们毕业五十周年的 2016 年，在杭州举办最后一次全体同学会，为我们相识 55 年、毕业 50 年划上一个句号。

第五次同学会于 2016 年 10 月下旬在杭州如期举行，正值 G20 峰会结束不久，是杭州最美的季节和最美的时代，同学们都满意而归。

这五次同学会，有的同学每次都参加了，甚至有的同学夫人或先生都参加了，但有少部分同学却一次也没有参加，其中的缘由大概有这样几种情况：一是本人身体状况不佳，已不能长途跋涉，也不适应激动的场面；二是家中上有老、下有小，或是因老伴身体状况而不能出远门；三是在校五年期间的恩恩怨怨尚未释怀——有些事，到了该放下的时候就该放下。放下，是解放别人，更重要的是解脱自己，惟其如此，人生才会活得洒脱——人不能老是活在过去，要活

毕业五十周年同学会（左一俞柏林、左二南泉洁、左三班主任边鹏飞老师、左四黄书孟、
左五徐子法、左六姜寒松、左七丁士杰、左八吴仁伟）

在当下，活在未来。

由此，我经常闭目瞎想：到底是该谁先解放谁？是先解放全人类，还是先
解放自己？如果连自己都不能解放，怎么能带着镣铐去解放全人类？

夕阳不是无限好，但要活出我们的精彩来！

同学们揖别五十年重相聚，我有两个惊人的发现。

一是岁月有痕，沧海桑田。

原来风华正茂的小青年，如今头发白了，牙齿掉了，耳朵背了，两眼花了，
背脊弯了，步履蹒跚了，脸上布满了皱纹，以致相见不相识了。

二是岁月无痕，本性不移。

儒雅的依然恂恂，木讷的依然寡言，开朗的依然活泼，张扬的依然外露，
纯真的依然灿烂，谦虚的依然不骄傲，愤世的依然嫉俗，没心肝的依然五脏不
全（指童心未泯，天真烂漫），有的甚至连说话的形态、手势动作都没什么大
变化。

五十年的风风雨雨，我们大多数同学仍然保持了秉性，保持了本心，实属不易。这也正应了中国的一句古话："江山易改，本性难移！"

第四章

成家立业

我的婚礼

我们66届大学毕业生是1967年10月才分配工作的，我被分配到浙江衢县。派遣证上注明：1968年1月底之前必须到新单位报到。

于是，我和我爱人商定：在我去衢县报到之前在杭州结婚。最后，我们把结婚日期定在了1967年12月3日。这一天是星期日，农历是丁未年十一月初二。

我爱人穆桂珍，山东省肥城县人。我们是老乡。她父亲也是南下干部，在省委组织部工作。穆桂珍早我两年来杭州进入西湖区中心小学读书。我插班正好插在她这个班里。当时，她是学校的风云人物：全校少年先锋队的大队长，左臂上别着少先队大队长的标志——三条红杠。而我是班级中队里小队长，别个一条杠。她是班里的班长，我是小组长——她是我的上级领导。

我们小学毕业时，她保送到杭大附中，我保送到杭十二中。

1956年我小学毕业前夕，加入了中国共产主义青年团，说明我已经是个青年了。实际上，我1954年从山东来杭州报户口时（那时新中国成立不久，农村尚未建立户口迁移制度），因我不是黄仲华亲生的，他不清楚我是哪一年生的。他算来算去，说我大概是1942年生的，就报了个1942年出生。我的生日是5月13日，这个我记得，是哪一年生的，又是民国又是公元，当时我年龄尚小，又是农村来的，根本就说不出是哪一年出生。所以，我身份证上的生年是错的，生日也是错的——5月13日是农历，阳历应该是6月18日，而这些都是后来才搞清楚的：1956年暑假，我第一次回山东省亲，问母亲我是哪一年生的，母亲说，你是民国二十九年生的，属龙。民国二十九年，就是1940年。这时我才知道，我是 1940 年出生的。

　　搞清楚我的出生年月日之后，我去岳坟派出所办理改正。派出所民警说，出生年月日可以改，但要把医院的出生证明拿来。天哪！我是在抗日战争最艰苦的年代出生的，那时日本鬼子正占领我的家乡；我家在农村，我们是农民，我是在家里的土炕上出生的，是本村的一位土接生婆和我父亲帮助我母亲生下我的，哪里有什么医院？何来医院证明？所以，我曾想改正这个错误，但由于拿不出医院证明，一直错到今天——有时我想，不是所有的错误都能改正的，改正错误是有条件的，明知是错的，条件不具备，你就无法改正，只好错一辈子。

　　我说这些，一是说明实际情况，出生年月日错误产生以及不能改正的原因；二是说明，1956 年小学毕业的时候，我实际上已经 16 岁了——在我们老家，家境稍好一点的男孩都已经结婚生子了。16 岁的我，已经基本发育成熟，当时我身高已超过一米七，俨然是一个大小伙子了；对于男婚女嫁、男女之事已经懵懵懂懂的有感觉了，对漂亮女孩已经开始关心关注了。

　　在小学里，我关注的只有一个人，就是同班的穆桂珍：她秀外惠中，端庄，漂亮，大方，学习好，表现突出，还是山东老乡。当时，她是少先队大队长，是我的上级领导（我当时是小队长）。

　　小学毕业后，穆桂珍被保送到杭大附中，我去了杭十二中，见面的机会少了，又很想她。于是，我想出了一个和她见面的理由和借口：去她住处向她请教作业。

　　当时，我们住在同一条路的面对面：我住杭州葛岭

1956 年的穆桂珍

88

山麓北侧（北山街84号东门），她住葛岭山麓南侧的菩提精舍内，中间就隔一条马路。她站在菩提精舍的楼顶上喊我，我在家里都能听到。

有时晚上，我作业已经全部做好了，但我装作不会做，去她住处向她请教。当然，每次见面，只限于作业，题外话一句也不说，面对面也讲不出一句话来，心里很紧张——我一看到她就很紧张，心跳加快，脸上发烫，讲不出话来……

后来，由于她父亲举家去了衢州化工厂，她住校了，我便失去了假装请她辅导作业去见她的机会。于是我便给她写信，把信寄到杭大附中。写信和面对面完全不一样，我便在信中勇敢大胆地向她吐露了我对她的感情……

再后来，我高二时，她去浙江乌溪江化工学院学习了。但是，三年困难时期，为渡过难关，国家实行"调整、巩固、充实、提高"的八字方针，解散了许多大学，有的大学虽然保留了下来，但招生规模缩小，压减在校生。浙江乌溪江化工学院也难逃厄运，减少了招生数量，撤销了若干专业。这样，穆桂珍被安排到衢州化工厂仪表车间工作。

1962年，我考取杭州大学。1963年放暑假时，我提出去衢化看她，得到应允。这是我第一次去衢化，原想住个三四天就回来，不料想一住就是一个月。在衢化，我每天骑自行车接送桂珍上下班（她不会骑自行车，上下班都是步行的）。因是夏天，我就穿一件白色的运动衣，背上印着"杭州大学政治系"几个红色大字——这等于向衢化人宣示："同志们，名花有主了，对不起呀！"我离开衢化返校的前一天，桂珍的父亲叫我和他们全家人照了一张全家福——未来的老丈人用这种特殊的方式表明了他的态度，给我吃了一颗定心丸。

1967年，正值"文化大革命"第二个年头，我父母亲在杭州乔司劳改农场接受劳动改造，桂珍的父母也在衢化接受批判。

12月2日，我父母请假回到杭州，准备我们的婚事。12月3日一早，我和父亲两人去龙翔桥菜场买菜，买了鸡、猪肉、牛肉和两袋蔬菜回来，还有包饺子的馅料。

那天，按火车时刻表，桂珍是下午6点到杭州城站，我们计划7点吃晚饭。

和穆桂珍全家合影（1962年·衢县）

我于下午5时许赶到城站，左等右等，火车一路晚点，直到晚上9点多，火车才姗姗到站。我们俩坐三轮车赶到家时，已经是晚上10点了。那时没有手机联络，家里人就一直空等着我们。我们到家后，全家人吃饭喝酒，就这么结了婚。

12月4日，结婚后的第二天，杭大政治系我最要好的同学，也是山东老乡林清和、李桂峰、王彩云三人来祝贺，也就是喝茶吃糖而已。这三个同学比我低一个年级，还没有毕业分配工作，所以能来祝贺。我自己班里的同学此时已都离开杭州奔赴工作岗位了。他们三人还带来了礼物：一盏小台灯，一个三件套瓷盘。台灯已用坏了，三件套瓷盘还在。

当时，社会上广泛流传着一对男女谈恋爱讲条件的故事：一对男女经人介绍相识谈恋爱，女方开出了10个条件，男方看了后，对这10个条件逐一作了回复。

女：一套家具。　　　　男：还在店里。

女：二老双亡。　　　　男：三十年后再商量。

女：三机一表★。	男：一件都不少。
女：四十个平方（住房）。	男：没有围墙。
女：五官端正。	男：有点麻子。
女：六亲不认。	男：包括丈母娘。
女：七十个大洋（工资）。	男：两个人加起来。
女：八面玲珑。	男：有点木头相。
女：九（酒）烟不进。	男：只吃高粱（酒）。
女：十分听话。	男：一个巴掌。

★ 三机一表：收音机、电视机、缝纫机、手表。

这是一个故事，是一个笑话，但也很形象地反映了那个时代的社会现实，是当时人们婚恋观的一个缩影。这个姑娘不是一个人，不是实指，是那个时代恋爱女性的代表者。平心而论，如果把"父母双亡"理解为"经济上不负担公婆"，这些条件并不过分，是组建一个小家庭的必要条件。

而男方的回复，也反映了我们那个时代的现实，反映了男方的窘迫、无奈和诙谐！其结果只能是：一个巴掌，各奔东西！当时，衢州化工厂工人中还盛行一种被称作无产阶级革命化的结婚，叫"4321"，就是四斤瓜子三斤糖，两条被子一张床。

我们从杭州回衢化时，买了三件日常最最必需的必需品：第一件，买了个搪瓷饭盒，一共四层，可以串叠起来提，民以食为天，用于食堂打饭吃（自己无开伙条件），价格三元左右；第二件，毛竹书架，价四元二毛五，读书人书很多，必备（现在还在使用）；第三件，闹钟，价十二元整，要做时间的主人，每天上班不能迟到，必备，这是我们最奢侈的结婚大件（现在还可用，质量不错）。三样东西加起来，总共开支不到二十元人民币。

结婚的第二天上午，送走来祝贺的三个同学，我们俩兴冲冲地跑到延安路上杭州市最好的活佛照相馆，拍了一张二寸半身结婚照作为结婚纪念。这是当

结婚照（1967年12月4日）

结婚证

时的标准照。

中午，父亲给了一百元车旅费，让我们二人坐火车回山东老家省亲。我们先到我的老家莱芜鹁鸽楼村，然后再到肥城县北赵庄桂珍的老家，向父母、向老少爷们宣示：我们结婚了！我们成家啦！

我的亲生父母和兄弟姐妹见到这个儿媳妇、嫂子高兴得不得了，说这个媳妇美得像电影演员似的，村前村后的老太太、左邻右舍的大姑娘小伙子都跑到家里来看新娘子，一时家里贵客盈门，热闹非凡。

任教大洲中学

大洲中学那时叫大洲公社初中，是大洲公社办的初级中学。我刚去时只有初中，后来有了高中，改名大洲中学，归县教育局直管。虽然离县城有 50 里路，但因为它是一所完全中学，有初中有高中，所以它是全县招生，衢县县城的人也去读书。大洲中学有 300 多学生，初中 3 个班，高中 3 个班，一共 6 个班，有十几个教师。

当时的校长是郑达盛同志，教师有陆景良、姜炳三、周卸木、郭能富、钱木申、姚丹霞、马雪媛、傅声璧、傅鸿将、吴琢平、金有成和王筱芳夫妇等。

刚开始，我教两门课，一门政治课，一门历史课。后来因为老师很缺，有时教师生病、请假，我代教过音乐课、体育课、语文课，所以，我在大洲中学教过 5 门课。这 5 门课比较好教：政治课、历史课是我的本行；语文课是我的特长；音乐课主要是教唱样板戏、革命歌曲、毛主席语录歌；体育课比较简单，主要是同学们在操场上活动，打篮球、打羽毛球、踢足球，那里没有什么体育设施，更没有健身房什么的。我还带过一个红色医生班，相当于现在的职高，实际上就是专门培养赤脚医生的。一个礼拜有两三天去山上采中草药。我当时认识 100多种中草药，跟孩子们一起去采。采好后，挑子捆好，挑回来。所以在那边教书，虽然艰苦，但还是很愉快，与学生同吃、同住、同劳动。

大洲中学办在一个山坡上。这里原来是一座荒山，后来把山头平掉了，（地基）高高低低的，就是在这样一个山坡上建起来的学校。学校旁边是一个村，叫童村，所以我们都讲童村山背。这是一个很荒凉的地方，除了旁边一个村子，就这所学校有那么几栋建筑。一栋教工宿舍，平房，就是一长条，中间有一个过道，过道两边是教工宿舍和办公室。有 11 间宿舍，可以住 11 个人，每个人一间。北头上一边是图书室，一边是会议室，两个是对称的。另一栋是教学楼，也是平房，六个教室，以前都叫六教室，采光很好，干扰很少。每两个教室中间有一间小

在大洲中学（1971 年）

房子作为办公室，就是教师办公、答疑的地方。这个学校有 6 个班，一个班 50 人，300 个人的规模。还有一栋学生宿舍，学生宿舍有 20 来间，也是平房，因为教工宿舍不够住，所以一部分教师住在学生宿舍里。还有一个食堂，有一对夫妻和一个老工人在那里干活。另外，整个学校在教工宿舍和学生宿舍并排的地方有一个厕所。全校就这么一个厕所，不管你在哪里，上厕所都得到这里来。冬天刮风下雪，夜里下起大雨，也要到那里去。总共就五栋建筑。这个环境，应该说还是比较艰苦的。山里边，刮风下雪很多，衢县县城里还没下雪，山里边已经下雪了。最后，在食堂旁边挖了一口井，吃饭用水、洗漱用水、洗澡都是用这口井，没有自来水。我去的时候，学校就是这个样子。分给我的房间大概 12 个平方，有一张木板床、一个小桌子、一张凳子、一个书架，还有一个木头做的脸盆架子，上面放脸盆挂毛巾。

我到大洲的第一天，晚上睡觉时，发现腿怎么都伸不开，床铺太短了，我就把凳子放在床边上，斜着睡。头放在床角落里，腿伸在凳子上。后来我发现这个床铺原本是学生宿舍里的高低床，学生跳来跳去把榫头跳断掉了。榫头断掉后，就把床头上的板锯掉一段，榫头又出来了，又接起来，废物利用。我就这样睡了一个月，因为刚到那里去，不好意思说；一个月后，睡觉实在太难过，

我就向学校提出。他们一看，这个床给我睡是有点委屈我了，我人比较高嘛！后来给我换了一张够我睡的床铺。当然宿舍、家具都是免费提供的。我进校的时候是这个规模，7年后离开时仍然是这个规模，没有增加一间房子。

学校比较荒凉，晚上天黑后，一个人是不敢乱跑的。山上有狼，偶尔会看到狼，晚上睡觉有时会听到狼叫。我们在学校里养了条狗，如果这条狗狂蹦乱跳，不停地叫，要钻到房间里来，就表示狼到宿舍门口了。

我在大洲中学时，爱人在衢化，正常情况下，我每个礼拜回家一次。那时没有双休日，一个礼拜休一天。从衢县县城到衢州化工厂是15里路，从衢化到大洲35里路，所以衢县到大洲是50里路。那时一天一趟班车，我是中间站上车，一般是坐不上的，只好走路。星期六在学校吃好中饭，步行回家，三个多小时；星期天下午吃了中饭，向学校赶，也要三个多小时。回学校花的时间多点，因为一路是上坡。衢化旁边的农村有几个学生是大洲中学的，他们有时礼拜天中午快到吃中饭的时候到我家里来，在我家里吃午饭。吃好饭，我们一起结伴步行回到学校里。因为步行实在太累，太花时间，所以后来我想办法买了一辆自行车。当时像我这样的人，在大洲工作是不可能买到自行车的，因为自行车要凭券购买，我就托我妹夫从山东老家买了一辆自行车。这个车子是倒刹的，脚踏向后一倒，它就刹住了。不习惯倒刹车的话，骑起来很容易摔跤。我从化工厂到县城里去买东西，就骑这辆自行车，载重达150公斤。有一次，我骑在车上，我爱人坐在前面横杠上，后边那个架子上绑一块搓板，坐着我妹妹和我大儿子，我爱人肚子里还有一个，四个半人，就这一辆自行车，载客相当于一辆小轿车。有一次自行车骑到县城，下来一看，我爱人一只皮鞋没有了。腿麻掉了，鞋子掉了都不知道。

养猪种菜

学校边的村头有个小店，主要收购农民的土特产，然后向农民供应酱油、醋、盐这些日用品，就是小卖部。有时我们实在撑不住了，也会去那个小卖部里买点东西吃。那里东西很便宜，我记得，鸡蛋是六毛九一斤，肉也是六毛九，肉蛋是同价的。当时，我一个月工资是四十二元五毛，按照 30 天计，一天的工资是一元四毛一，大概就是这样的物价和生活水平。我们很多人，包括我在内，每个月 20 日之后，就要向学校食堂工友借米了。米赊给你吃，记上账，到下个月发了工资再还掉，再把那个账销掉。现在不是有月光族吗？我其实就是个老月光族！实际上那时的米还是很便宜的，我们吃的是一毛四厘一斤的糙米，最粗糙的米。这种米蒸出来的饭不好吃，但是蒸出来饭比较多，出饭率高。

学校不提供饭，都是自己蒸。我们食堂里有几个大蒸笼。300 来个学生，一二十个教职工，每天吃饭拿一个长方形的铝制饭盒子盛好米放好水，放蒸笼里蒸。农村学生的米是自己带来的，教职工中有一个工友，工友那有一缸米。大家没有米了就去买个十斤二十斤放到自己的宿舍里，到吃饭的时候就带下去蒸。如果生病了，我们工友那里有面条，去称三四两的面条，食堂的工人给你加工、代做。这就是病号饭，唯一的病号饭。

我们养了十几头猪，杀了猪，师生一起吃。我们还种各种各样的蔬菜。这样既能减轻学生的负担，师生还可以一起劳动，一起收获。学校收点加工费，青菜两三分钱一碗。住在附近的学生中饭是自己家里带来的，有些学生比较远，每次来要带一个礼拜的米和菜，带的菜主要是霉干菜、笋干、辣椒。光吃这个是不行的，所以我们种蔬菜，大家种，大家吃，省了不少钱。猪杀了以后大家一起会餐，改善生活。

农村中学的条件、教学的规范化是要差一点，但教师们还是很用功的，责任心、事业心都很强。跟城里学校不一样，除了两个民办老师早上来、下午走之外，其余教师全部是住校的。教师认真，学生淳朴，师生关系是很好的。

到今天写这篇东西时，我离开大洲中学已有 40 多年，快半个世纪了，但我和大洲中学的一些老师和学生仍然保持着联系。有时我去衢州公干，会把学生吕水泉、徐志忠、饶雪超、叶大超、张宝生等召集起来聚会叙旧；他们有时也会来杭州看我；我和老校长郑达盛同志也时有联系。

家访趣事

我平常每个礼拜要走 35 里路回衢化，但是下大雨就不能回去了。山洪暴发，道路不通，不能回家，所以有时住在学校，有时就到同学家里去，顺便家访。第一次家访，我和学生一起走了三个多小时。一到家，他妈妈很客气地下了一大碗面条。我当时肚子也饿了，就吃了，吃着吃着突然发现碗底有两个荷包蛋。他那个荷包蛋给你放到面条下面，看不到的。后来我就有经验了，学生家长再给我下面条，我就把蛋翻出来，放到另外的碗里不吃。当时一般学生家里生活很困难，鸡蛋是用来招待客人的，自己不舍得吃——有的鸡蛋还可能是借来的。城镇的学生家长也给你下面条，一个荷包蛋。他那个荷包蛋是放在上面的，下面是面条。从蛋放的位置也能看出民风的不同，农村和城市还是有差别的。

自制卷烟

我烟瘾比较大。那时经济紧张，吃米都要借着吃的。最便宜的烟，八分钱 包，叫"经济牌"，是最经济的了。好一点的烟，我们抽的是新安江牌，要两毛三：杭州卖两毛四，农村里卖两毛三。一包烟值两斤多大米。所以我们那时都抽不起，怎么办呢？就到农民那里去买烟叶。黄的烟叶买来后，把它铺好，用刨子把它刨成丝。然后喷上黄酒，加上蜂蜜，放到锅子里烤一烤。烟丝烤制好后，自己卷烟。我们做了一个小的机器，像织布机一样，烟丝放进去、纸头垫进去。啪，一卷，一支；啪，一卷，一支，自己加工来吸。烟叶九毛五分钱一斤，这一斤烟叶可以抽一个月。一个月的烟费不到一块钱，平均每天三分钱。还有，农民抽的那种烟斗，就是那个毛竹的鞭根，一头细、一头粗，中间打通，粗的一头挖一个洞，放进烟丝抽。平常在学校里，就抽自制的烟，要到学生家里去家访就买一包烟来，经济牌的，或新安江牌的，这样可以向家长敬烟，表示客气礼貌。

外调收获

1968年1月我刚到大洲中学报到时，大洲中学不到20个老师，分成两派。这两派实际上都是好人，就是个性脾气不一样，对校长的看法有差异，自然就成了两个组织。我呢，原来就是犯了方向路线性错误的，到了这里以后，两派都来找我。我游离在中间，一个事情出来，不管哪一派，我认为对的就支持，我认为不对的就反对，但哪一派我都不加入。"文化大革命"中有一个阶段叫"清理阶级队伍"，就是要把混进革命队伍的"地、富、反、坏、右、叛徒、特务、走资派"清理出去。于是学校就要到外面去调查，譬如被审查的人在哪里干过事？干过什么？什么人可以证明？这就需要派人去调查核实。外调一般是两个人去，这派去两个人，那派不放心；那派去两个人，这派不放心；两派各派一人一起去，话说不到一起，无法协调工作。结果外调的事，无论哪派去都把我带上。所以，我1968年基本上就是全国跑，搞外调。

这一年多的外调，去过北京、上海、天津、济南、扬州、无锡、芜湖、南京、九江、景德镇、南昌、武汉、郑州、福州、泰安、徐州、厦门、长沙、广州、西安、连云港等大中城市和若干县城及许多劳改农场，虽然旅途劳累，但却见了世面。

这外调的副产品是什么呢？就是我收集了许多连环画。小的时候，杭州的校门口、西湖边，不管春夏秋冬，树底下会有一个老头在那里，黑板上弄个报架，很多小人书（连环画）放那里，厚的一分钱看一本，薄的一分钱看两本。没钱买，就到他那里去租他的书看，坐在旁边看。还有的人没钱租，人家看书就跑过去，不花钱也凑在旁边看，我就是属于不花钱凑在旁边、伸个脑袋揩油看的那种人。

那段时间刚好《红楼梦》、《西游记》、《三国演义》等很多很多连环画出版，一套100多本。我们每到一地外调，完成调查任务后，一是革命胜迹一定去瞻仰（我喜欢中国革命史），二是一定去新华书店买小人书。风景点可以不去，革命胜迹、书店一定要去。全国一年跑下来，把《红楼梦》、《西游记》、《三国演义》、《水浒传》、《东周列国志》等名著的小人书全部买齐，整整一大箱子。当时虽然吃饭都有点困难，但还是要花点钱买书的。当然，出差还是有补贴的，每天两毛钱，补贴的钱吃得省一点，也就可以买些东西了。这些连环画小人书，我现在都完好无损地保留着。

两次生病

我在大洲中学7年时间，生了两次大病。

一次是气管炎，发作得很厉害，气急，喘不上气来，直咳嗽。住在我宿舍对面的老师叫高歌，杭大外语系毕业，教外语的。刚好他下课回来，看到我在那里不能上课，气透不过来。他说："我会打针灸，我来给你打。""好，你来给我打吧。"他叫我趴在床铺上，他那针一下去，我就感到很舒服。但舒服了一会后，气更急了。看看不行了，一个工友和两个学生搞了辆大板车，上面放了个席子，就把我送到四五里路远的大洲公社卫生院去看。公社医院没有X光，看我不发烧，什么事情也没有，就是气急，就让我躺在医院的病床上睡觉。躺了两天，我自己敲敲肺的这边，敲敲肺的那边，两边声音不一样。到了星期六，我就坐车回家了。我在家睡了一晚，第二天是礼拜天，我和我爱人拿了个篮子到菜场里买菜。买菜前先到衢化医院，挂了个号，医生说你去照个X光，拍个胸片。进去胸片拍好，那个医生说，黄老师你不要动，我去叫担架来把你抬到楼上，你要住院了。我说我干什么要住院，又没发烧又没怎么的，我还要去买菜呢，儿子在家还等着我呢。他说不行，你气胸。什么道理？简单讲就是针灸失误引发气胸，后来又发生了胸腔积液。所以叫我不能动，必须躺在床上。然后医生说，你这里面有水，要把你胸腔里的水抽出来。我听他们的，插管把水抽出来后，人也舒服多了。但是水抽好了以后，抽水的口子需要按压很长时间。结果没到一定时间就放掉了，这个气体照样产生，到了皮下，到皮肤和肌肉之间去了。这样气管就又受压迫了，又是气急得不行，医生费了很大力气，才解决问题。所以一共住院3个月，好在后来都恢复了。

我出院回到学校后，一个老师对我说：高歌老师有一次给一个农村老太太手腕上扎针灸，针都扎到桌面上的木板里，拔都拔不出来（高歌老师后来因护送学生过河而牺牲，连婚都还没结呢，太可惜了，我很怀念他）。

第二次生病，就是发烧。很高的温度，人发抖。这个时候我小儿子已经出生了，大儿子在学校里由我带着。公社卫生院里看了几天，看不好，唐松高院长就让我到县医院去。我就骑着我那辆金鹿牌自行车，从学校骑到衢县人民医院，50里路。骑到医院后，医生一量体温，40.5℃，他说马上办住院手续。经化验检查，说是有两个病：第一个，发疟疾；第二个，得了急性肾盂肾炎，两个病都要发烧。医生说我最好住院，不住院是很危险的。可我怎么住院？我儿子在那里还一个人呢。所以，我告诉医生不能住院，请给我退退烧，开个处方，告诉我怎么治疗，我回去治。医生开好处方后，给我打了两针：青霉素和链霉素。然后我就骑着车子回来了。快到学校的时候，看到山头上种着西瓜，我就把车子停到路边，爬到山上买了个西瓜回来给儿子吃。这一天，我顶着40.5℃的高烧，骑了100多里路的自行车。医生叫我一定要打青霉素和链霉素，要打一个半月，我就到距离近一点的清水公社卫生院，找到院长唐松高，请他教我怎么打针，怎么打青霉素，怎么打链霉素。学校里没有消毒条件，我就把蒸饭的铝制饭盒子洗干净，每次蒸饭时把需要消毒的东西放在蒸笼里蒸好，然后自己打针。就这样打了45天，病最后也就好了。

这次生病期间，还发生了一个小插曲。有一天下大雨，我正坐在床铺上自己打针，刚刚把针头插进屁股，就听到窗户外面叫"救命啊！救命啊！"我感到很奇怪，就想起来看看是怎么回事。我从床铺上挪挪挪挪，挪到窗口看。原来那天下大雨，学生的宿舍漏了，我们那个工友就爬到屋顶上去修瓦片。结果唰一下，人从上面给滑了下来。这个屋檐下面有用洋铁皮弯起来做的两个接水的槽子，他从上面滑下来正好被两个槽子给卡住了，人悬在半空，所以拼命叫救命。我就跟他一起叫救命。我们这个宿舍里有很多人，我赶快叫他们，一直挪到门口，开了门，叫他们去帮忙。等到他们赶过去帮忙，我的针头拔不出来了，针头弯到了肌肉里面。后来是校革委会副主任、物理老师陆景良老师帮忙拔出来的，屁股肿了好长一段时间。医生说还好针头没断在里面，否则要开刀，还得跑到县医院去。

我这两次病还是有点厉害的，在那样的条件下，生这种病能够痊愈，是很幸运的。

胎盘滋补

农村生活条件差，我的身体抵抗力也差，气管炎老发作。唐松高院长就给我吃胎盘。胎盘医学上叫紫河车。开始的时候，一个月吃两个胎盘。吃了半年之后，就给我一个月吃一个。

吃了半年以后，我身体就好起来了。因为体质好了，抵抗力强了，气管炎发作就少了。到最后离开大洲中学，我大概吃了有3年时间。我不怕冷跟吃这个还是很有关系的。到了冬天，我不穿棉鞋，不穿棉袜子，不穿棉毛裤，就一条单裤过冬。我冬天睡觉的时候，脚都要放在外面凉一凉，很热很热。在我最困难的时期，唐松高院长给了我很大的帮助、关爱和支持，使我渡过难关，我们的友谊一直保持到现在。

1995年12月，我率团访问韩国时，户外温度−17℃，我就穿一双单皮鞋，一条单裤，外穿一件呢大衣，不戴围巾、口罩，在野外参加半天活动，并不感到特别冷。同去的几个小青年却无一例外感冒发烧，就我一人无恙。

说起这事来，我想起另一件事。

2007年10月，我陪同中国国际茶文化研究会刘枫会长（刘枫同志曾任浙江省委副书记、浙江省政协主席）出访越南、印度、泰国、意大利、梵蒂冈和圣马力诺。我们一行6人，第一站越南，第二站印度，然后到泰国。按行程，从泰国首都曼谷直飞意大利北方城市米兰。从曼谷起飞时，气温是38℃，当天下午抵达米兰时，米兰正在下着鹅毛大雪，地面上覆盖着厚厚的积雪，气温是−14℃——两地温差52℃！

尽管事先做了一些御寒措施，但我们到达米兰的当天晚上，6个人中5位出现了感冒症状，不得不服用治感冒药物——唯独我一个人没有任何反应，又是一个安然无恙。

我之所以不怕冷，除了吃胎盘外，还与我长期坚持洗冷水澡有关。

我 1962 年患气管炎后，打过鸡血、做过艾灸、埋过羊肠线、吃过蚯蚓、服过蟾蜍（俗称癞蛤蟆），试用过所有偏方，多次冬病夏治，但无一奏效。后听一位医生劝告，我每天洗冷水澡，从夏天坚持到秋天，从秋天坚持到冬天，从冬天到春天，一年四季坚持，坚持了 50 多年。冬天温度零上，早上洗 15 分钟；如果零下，早晚各洗一次，每次 15 分钟左右。这一招很灵：很少感冒，不感冒就不发、少发气管炎。

在大洲中学期间，没有自来水，没有洗澡间，我就每天晚上到井边，打个电筒照亮，从井里打水直接洗头洗澡，下雨天也不间断，下雪天洗得更欢——用雪搓全身。

1971 年上半年，还发生过一件事。

有个礼拜六，我们说好我不回衢化了，叫我爱人到大洲来住两天，大儿子那时就住在我学校里。因为她怀孕了，医生给她开了一个礼拜的病假，干脆就到我的学校里来休息一个礼拜，调养一下。那时，从衢县到大洲的班车已经每天有两班了，早上、下午各一班。下午 5 点多，衢县开出的班车经过衢化，然后再到大洲。那一天汽车到衢化站时，我爱人站在路中央把汽车拦下，等她转过身正要上车的时候，车呜一下开走了。事先我们讲好了星期六下午她要来的，到了五点半，我就跟儿子到公路上去等。等啊等啊，等班车来了，人家都下来了，就是没她。又不知道是怎么回事，我们父子两人就一直坚持在那里等。等到天黑了，她终于来了。那天又刮风又下雨，35 里路，山上还有狼，一个女同志，怀孕几个月，挺着个大肚子，一路上山走过来。结果到了这里以后，就出现了流产的先兆。第二天马上回到衢化，到医院去保胎，小儿子差点没有了。

还好，从衢化到大洲只有一条山路，中间没有岔路。要是有几条岔路的话，我爱人还不知道会走到什么地方去呢！一个是天黑，一个是她虽然来过几次大洲，但都是坐公交车来的，从未步行过，更没有一个人走过。所以，虽然我担惊受怕、心急如焚，但没有发生意外，真是谢天谢地。

喜得二子

1971年11月24日上午，我正在上课。学校工友老徐到教室跟我说："你老婆打来长途电话，说她要生产了，叫你赶快回去。"

我接到电话后，回到教室把课讲完，急急忙忙和二妹小民、大儿子松松（这段时间小民从杭州来看我，住在我学校里；大儿子也同时住在我学校里）往衢化赶。等我们上午12点多赶到衢化时，我二儿子已经出生了。又是一个儿子！真是高兴得无法形容，怀抱娇儿喜若狂呀！

之前我的大儿子黄波于1969年4月27日出生。那一天是个星期天，真是巧极了！

4月26日是星期六。下午，我从学校骑自行车回到衢化过星期天，因为我夫人讲预产期是5月1日左右，所以这次回家很重要的一件事是做儿子出生的准备工作。

第二天早上5时左右，我夫人的肚子开始痛起来，而且疼痛不断加剧。不敢怠慢，我们6时起床赶到衢化职工医院。产科医生检查后说，你们要当爸爸妈妈了——就是说要生产了，并立即办了住院手续。我夫人的肚子痛一阵好一阵，到中午12点，医生说产门开了，于是就进了产房，上了产床。由于产房里没有别的产妇，我们和医生又相熟，所以她破例让我进了产房陪我夫人。由此，我目睹了大儿子出生的全过程。

下午两点左右，孩子的头发露了出来，头发又黑又浓又长。医生说，可能是个女儿。这时，见我夫人又喊又叫的痛苦样子，什么儿子女儿，赶快生出来，母子平安就好！

我夫人的这张产床，左边的一个把手坏了，她用力时必须使劲拉住把手，左手只好抓住我的一双手。她使劲我也使劲，好像我也在生孩子似的。这样拉来拉去，两个人都满头大汗，一直到下午4时15分，孩子生了下来。

小兄弟俩（1972 年）

"啊呀，是个男孩！"突然，医生叫了起来。我却一点反应也没有，紧张的两个多小时已使我麻木了。倒是我夫人很冷静，她看了一下儿子的头和脸之后说："哇，是一个小黄鼠狼（我爱人有时会叫我'黄鼠狼'）！"——我这时才去看我的儿子：头、脸型、五官，全部像我，一模一样！甭提是个什么心情了。

这一天，衢化医院接生了8个小孩，7个女的，就我一个儿子。当时我心里想，按这个男女比例出生，20年后我儿子找对象应该不是难事！

我的第一个儿子就这样来到了这个世界上：我有儿子了。我的双臂痛了一个星期，我夫人的双臂痛了一年多——值得。

我大儿子满月的时候，我给他拍了一张光屁股的照片，寄给杭州和山东的爷爷奶奶报喜。

当时，国家尚未实行严格的计划生育政策，没有规定一对夫妻只能生一个，只是提倡两孩之间最好隔3年再生。但是，我们夫妻却有一个生育计划：生3个，有男有女，最理想的结构是生两个男的一个女的。等第二个儿子出生后，我已把第三个假设为女儿，并取好了名字，叫黄婴——两个宝贝儿子，一个宝贝女儿，想法很美。后因经济条件不允许，只好刹车。但黄婴这个名字舍不得不用，后来变成了我大孙女的名字。

当时，正值"文化大革命"斗批改阶段。尽管我爱人坐月子，也不断被叫去参加各种批斗会，参加各种形式的学习和游行。这样，我小儿子出生后，就找了一个阿姨帮助带孩子理家务。阿姨吃住在我家，每月工资八元，后来提高到十元。

因阿姨无法照料两个孩子，所以小儿子出生后，有时我便把大儿子带到学校里。我每天都有课，儿子又小，到处跑，不安全。于是，我从学校旁边的童村找了一个老奶奶，白天照看我儿子，一个月五元钱。

当时，我和爱人每月工资加起来八十元左右。夫妻两地分居开支大：我和大儿子一个摊子，爱人和小儿子、阿姨一个摊子；每月阿姨、老奶奶十五元工资，阿姨还要吃和用，经济十分拮据。我在大洲中学已经到了借米下锅的地步。

于是，我向学校提出，要求调到衢化子弟中学去，解决夫妻两地分居和子女教育问题。

调往衢化中学

从 1968 年到 1974 年，我在大洲中学工作了 7 年。1974 年 7 月，我调到了衢化中学教书。

近水楼台不得月

按照惯例，我早两三年就可以调到衢化中学去了。只因我岳父穆允东是衢化总厂的主要领导，所以我迟迟不能调往衢化。

要求调入衢化的人很多，一般夫妻分居三四年就可以调动，我却分居了 7 年。我岳父 1958 年从省委调到衢化后，一直主管组织、干部、人事工作。"文化大革命"后期，他被解放并结合到总厂大联合的班子里，仍是衢化总厂的主要负责人，主管组织、干部、人事工作。我的工作调动，只要他老人家一句话就行。但他一直不松口，他要把需要照顾夫妻分居的人都调好后，再解决自己女婿女儿的事；他不仅不松口，劳动人事处的领导找他谈我调动的事，反而被他批评一通。

我们结婚后，因为没有房子，先住在岳父母家里。但是，我岳父母自己的住房也非常紧张：两室一厅，本来就住了6个人（岳父母、一个儿子、两个女儿，还有一个老外婆），加上我们夫妻共是8个人，如何住得下？阳台上都住了人，还是无法安排。

夫人怀孕后，我们实在不好意思再继续住家中，便到厂区附近的农民家租房子住。

我们租住的农民房，是木板结构，一大间房子用薄薄的木板隔出若干间10平方米左右的小间，上边没有天花板，隔音极差。隔壁人家晚上在痰盂里的小便声、呼噜声清晰可闻，连放屁的声音都听得到，讲话的声音更不用说了。每间每月十元租费，在屋外走廊上放一只煤炉，一月需支付五毛；没有自来水；厕所是室外露天公厕，下雨下雪天上厕所需撑雨伞，卫生条件无从谈起。

我的两个儿子出生后，就在这样的房子里长大——屋内只能放一张大床，开始我们夫妇二人睡，再后来四人睡。不能直着睡，我们四人就横着睡。

厂里是有宿舍的，有集体宿舍，也有家属宿舍，只要我岳父点头，我们就可以住到家属宿舍去。但是，岳父明示我不准去找房管处，叫我们按次序排队就是。我们作为子女，也要维护他这个书记的声誉。所以，我们从来不去找有关部门走后门解决自己的困难。

常言道"近水楼台先得月"，我们却是"近水楼台不得月"。我岳父这辈子就是这么一个人。他在衢化工作几十年，传统正派，从不谋私，口碑极佳，是我们做人的楷模。

衢化中学的全称叫"浙江省衢州化工厂子弟中学"，是衢州化工厂自己办的学校，属厂办学校，只招收职工子弟入学。

衢州化工厂是大型国有企业，全国八大化工企业之一，实力雄厚。职工上万，加上家属人等，生活区聚集着几万人，当时俨然是一个中小城市。

衢化职工的福利待遇在全省首屈一指：职工和家属看病住院不花一分钱，全部公费；小孩上幼儿园、上小学就近入学，而且费用全免；用水、用电也是不交钱的；燃料花销，煤粉两毛钱一车；宿舍一月的房租仅二元左右。

衢化中学坐落在乌溪江（衢江）边，距生活区仅千米之遥。学校分初中部、高中部，每个年级10个班，共60个班，弟子3000，老师上百。我被分配到了高中部，任教5个班的政治课。同时，担任学校政治教研大组的组长。政治教研组有十几位老师。

两只神鸭——一天四个蛋

1974年，我调到浙江省衢州化工厂子弟中学时，小儿子黄涛已经4岁。

有一天，我带着他去菜场买菜。他看到菜场有卖小鸡小鸭，非要不可，我就给他买了两只小鸭子，和他一起养。

当时，我家在厂生活区一间四面透风、顶上漏雨的竹工棚里。

起初，两只小鸭子养在一个纸板箱内。鸭子长大点后，我便在棚子里用砖头垒了一个鸭窝，晚上让它们在里边睡觉，白天由它们在生活区晃悠。鸭子还是很有记性的，不管逛到哪里，到饭点就会回来，晚上会自动宿到鸭窝里，根本不需要过多照料。

我住的房子，原是为厂生活区建造第四食堂时搭建的工棚，食堂建好了，工棚没有拆，成了我们几家人的住处。所以，我的住房和四食堂紧靠在一起，一墙之隔，相距不到10米。

养鸭的饲料哪里来？每天早、中、晚食堂开饭，我便用一个洋铁皮畚斗，到食堂的泔水桶里舀一畚斗米饭鱼肉，放在固定的一棵树下让鸭子吃。时间长了，每天三顿饭时鸭子都会在那棵树下等吃的。由于吃得好，鸭子长得很快，又肥又大。

有时候，小儿子幼儿园放学后，我们两人会拿个小锄头，带着两只鸭子去周边的农田里挖蚯蚓喂鸭子。我们一边挖，鸭子一边呱呱叫着吃蚯蚓，有时它们还会为争一条大蚯蚓而打架。

有一次，我和小儿子带着鸭子去挖蚯蚓。那块地里的蚯蚓又大又多，大的蚯蚓有手指头那么粗，近一尺长。当两只鸭子争抢一条粗大的蚯蚓时，蚯蚓的肚肠都流了出来，我顿时头晕恶心，继而呕吐，浑身不舒服……从此，我们再也不去挖蚯蚓喂鸭子了。

在养鸭子的过程中，我和它们还建立了语言交流：鸭子在很远的地方，我只要"嘎嘎嘎嘎"地叫四声，它们就会扑扇着翅膀、扭着屁股，半飞半跑地奔过来；晚上它们有时会跟着人家的鸡鸭宿错了窝，我只要"嘎嘎嘎嘎"地叫四声，它们就会跑出来跟我回家。

两只鸭子还认人：它们很小的时候我们用篮子提着去挖蚯蚓吃；长大后，我在前面走，嘴上"嘎嘎嘎嘎"地叫着，它们会一直跟着我走，还会跟着横穿马路，从来不会跟别的人跑。

年底，我去清理鸭窝里的鸭粪时，竟然发现里边有几个鸭蛋。这时我才知道，我的鸭子是母鸭，已经长大了，开始生蛋了。

更让人称奇的是，一只鸭子竟然每天生两个蛋——两只鸭就有 4 只蛋。我们一家四口，每人每天可以吃一个鸭蛋，你说神不神？

到 1977 年，我们分到了家属宿舍，离开了原来住的工棚，搬家到了 4 楼。这样一来，鸭子就没法养了，只好忍痛割爱，做了一件卸磨杀驴的事。这件事，我们家现在还经常回忆起来，感到对不住这两只鸭子，有愧于它们。

当时，人们生活简单，没有太多的欲求，大家生活水平相差无几，都感到很满足。我养这两只鸭子，不用愁饲料，不用花精力，每天 4 个蛋，还可以带它们逛街。每天遛鸭时，我都有点"悠然见南山"的感觉，平添了无限乐趣和幸福感。或许这和现在的人养猫养狗差不多吧？

写这段文字时，我算了一笔账，每天 4 个蛋，一个月 120 个，按每斤 8 个计，约 15 斤左右。当时，鸡鸭蛋与肉同价，都是六角九分一斤。120 个蛋就是十元左右，相当于我每月增加了十元的收入。那时，我每月的工资是四十二元五角，等于说我每月增加了约 1/4 的工资，足可以养活一个人（那时工厂学徒工第一年工资是每月八元）。如此算来，还真是一笔大收入。

押题助考

组织关心，调动成功，解决了家庭困难，我工作自然是十分卖力。

举个例子，1977 年恢复高考。从 1966 年到 1976 年，大学已经 11 年没有招生了，学生报考大学的热情极其高涨。我作为政治老师、教研组组长，自然要助学生一臂之力，要给他们辅导政治并押题。第一年押题：大题目 3 个、小题目 10 个、名词解释 20 个。我弄好后，让学生背熟答案。结果他们那次考试，只有一个 5 分的名词解释超出了我的押题范围，等于是押到了 96%！衢化中学政治高考得了两个第一：政治考试平均分全县第一，政治考试全县最高分也在衢化中学。这一下我可在衢县出了名了。第二年考试，衢一中、衢二中都来找我押题。我又押了一次，八九不离十，90% 的题目押中了。再到后来，我读了研究生，他们再来找我押题，我就不押了。开始好押，越到后面越难押。所以我讲押政治题目，不管对不对，是为了自己的学生顺遂一点，老师肯定是要管自己的学生的。1977 年，我的一个学生是报体育的，当时考四门课，他四门课考了 184 分，其中政治考了 84 分，被杭大体育系录取了。

说起我给学生高考押题，又想到一件趣事。

吴应兴，杭州师范学院的毕业生，我教过他中共党史课。他毕业后，在浙江省庆元县教育局工作，担任县教育工会主席，是高级政工师。他有两大爱好：一是买书读书，二是写作，在全国报章杂志上发表了许多文章，在当地小有名气。最近，他逛新华书店时，看到一本《120 个回望》。这本是纪念高考四十周年的书，由浙江人民出版社出版。书中登载了 120 个 77 级、78 级考生的高考经历。其中，有一篇《父亲助我高考》的文章，是原衢州化工厂子弟中学傅吉青写的。傅吉青是衢化中学 77 级高中毕业生，她的政治课是我上的，我的政治辅导课她是每次必到的。当年，她考上了杭州大学政治系。

吴应兴看书中写到我，便买了一本送我，我才看到这篇文章。

傅吉青在文中写道："我高中的政治老师黄书孟（曾任浙江大学常务副校

长），也是杭州大学政治系'文化大革命'前的大学生，他给我们遴选的政治复习题竟押中了大部分的高考题。"（《120个回望》第286页）

傅吉青没有填杭州大学政治系的志愿，当她收到录取通知书后，"很不想去读政治系"："收到了杭州大学政治系的录取通知书，我有点意外，很不想去读政治系，因为那时'文化大革命'刚结束，人们对'四人帮'搞的那一套政治特别反感。父亲是抗日战争时期就参军入党的老革命，虽然'文化大革命'期间受到冲击，但他的共产主义理想和政治信念十分坚定，一直鼓励我去读政治系。此外，加上黄书孟老师也是杭大政治系毕业的，我逐渐打消了顾虑……于是，开启了改变我一生的大学生涯。"（同上书第287页）

信息时代，世界变得很小，随时可以知道熟悉的人和相关的事，真是令人开怀。

梦中恸哭周总理

每个人都会做梦，一个人从小到大不知道做了多少梦。我小时候做过的梦，有一个到现在还记得：我站在我们村东山的山头上，蹲下，双手抱膝，从东山顶上飞到西山顶上，再从西山顶上飞到南山顶上，再从南山顶上飞到东山顶上，这样不停地飞来飞去。醒了以后，我给母亲讲了这个梦，母亲说："孩子，你在长，飞就是人在长高。"从此以后，我就盼着每天夜里都做会飞的梦。

1976年1月8日夜里，我做了一个我永生永世不会忘记的梦：我骑着自行车从衢化去大洲中学上班，因一路上坡，身上出了汗，便把车停在路边，想去旁边的小松树林里休息一下。一进入小树林，首先映入我眼帘的是5块高2米左右的大石碑，每块碑的后面有一个圆顶的坟。第一块碑上写着"马克思之墓"，第二块"恩格斯之墓"，第三块"列宁之墓"，第四块"斯大林之墓"，第五块"周恩来之墓"。看到"周恩来之墓"，我大吃一惊，禁不住大声痛哭起来，哭着哭着，被叫醒了，梦就中断了。

原来，我在梦中哭的声音很响，把我的夫人吵醒了。她看我哭得那么伤心，便把我摇醒了，问我："做噩梦了？"我说："是的。"又问："什么梦这么伤心？"我便把梦中的事给我夫人讲了一遍。她说："这段时间你一直在记挂总理，日有所思，夜有所梦，没事的，睡吧。"心绪平静下来之后，又睡着了。

第二天即1月9日早上七点半，衢化的广播大喇叭响了！但今天与以往不同，播送的不是新闻，是哀乐！我一骨碌从床上爬起来，急忙打开窗户听广播。这时，广播员正用低沉、悲痛的声音在播周总理去世的讣告……

真是"日有所思，夜有所梦"。自1975年以来，新闻广播电视报纸上一点也没有周总理的消息，人们都在传说总理生病了，而且病得很重，但官方没有回应。我每天上班第一件事是去图书馆翻报纸找消息，但什么也没找到，夜里便做了这样一个梦！

1976年，对于我们党、我们国家、我们民族来说是多事之秋：1月8日，周恩来总理去世；3月8日，东北老林发生陨石雨天文事件；7月6日，朱德委员长逝世；7月28日，唐山发生大地震，24万余人丧失生命；9月9日，毛泽东主席与世长辞。

浙江大学1978年研究生招生

准 考 证

姓　名　黄书孟

号　码　0326

报考专业　科学社会主义

县（区）　浙江　江山

考试地点　

考 试 科 目 及 时 间 表

时　间	5月15日 （星期五）	5月16日 （星期六）	5月17日 （星期日）
上　午 （3小时）	政　治	科学社会主义	
下　午 （3小时）	外　语	语文	

注：注意事项见后页。

第五章

攻读研究生

考研之路

从 1966 年至 1977 年，我们国家停止招收研究生。

1978 年初，教育部发通知说要招研究生了，年龄不超过 35 周岁的人可以报考。我那时候已经 38 岁，年龄超了，不能报考。过了两个月，教育部又发了一个补充通知，放宽到 1938 年 1 月 1 日以后出生的。这样一来，我又可以报考了。

我是 1978 年 3 月 31 日决定报考浙江大学马列主义教研室科学社会主义研究生的。

在我决定报考研究生之前，家里有一件需要二选一的大事，在这里必须作一个郑重的交代。

1978 年初，浙江省决定从省级机关和大型厂矿企业挑选一批优秀分子送到高校深造。当时，浙江衢州化工厂分到一个名额。衢化总厂经过反复选拔比对，最后花落我夫人桂珍头上，直送浙江大学学习 4 年。材料报到浙江大学，顺利通过审查，并明确通知我们做好下半年 9 月入学的准备。

就在这个节骨眼上，教育部放宽了研究生报考年限，我的年龄又符合报考条件了，怎么办？

这时，我夫人已通过浙江大学入学审查，获得入学资格，9 月份就要进入浙江大学学习，我已做好了当家庭主夫，留守衢化持家的思想准备。这时，我大儿子 9 岁，小儿子 7 岁，两人正在衢化读小学。我的父母不在身边，无法照料两个小孩。如果我报考研究生并被录取，两个儿子怎么办？总不能丢下两个年幼的儿子，两人同时去浙大读书吧？也不可能带着两个儿子去浙大读书吧？

在这种情况下，我心里翻江倒海，不知咋办才好。要不要把研究生招生放宽年限的事告知桂珍？那可是大水冲龙王庙——自己人淹自己人啊。

考虑再三，我还是把这个消息很小心地告诉了桂珍。

桂珍听了我这个消息，她稍作思考便非常坚决地说："不用多想！这样，我放弃去浙大学习，你报考研究生吧。孩子我管，家我管。你放心报考吧，不用再商量，没有时间了，就这么定了。"

在关系我们两个人前途命运的大事上，桂珍当机立断，牺牲自己，把机会让给了我。

在这种情况下，我才在 3 月 31 日报考了浙大研究生。

等到我研究生初试成绩出来，我心里就有底了。初试考四门课，我总分第一。复试就考中共党史一门课——这门课是我强项中的强项，可以毫不夸张地说，估计没有人能考得过我，果然又考了个第一。

所以，在我接到复试通知后，为了不浪费浙江大学的这个名额，桂珍就向衢化总厂写了报告：本人自愿放弃去浙大读书，感谢领导的关心和信任。

这次严重的撞车事件，由桂珍一锤定音——正是桂珍的自我牺牲、当机立断，才使我抓住了一生中唯一的一次改变前途命运的机会！

考研之路，十分艰辛。

1978 年 3 月 31 日决定报考研究生，5 月 15 日正式考试，复习时间不到 45 天，而且要考四门课。

我是如何备考的？我采用了排除法。先翻看了一下俄语：我初中、高中、大学共学了 10 年俄语，中学还是俄语课代表，但由于毕业 12 年从未碰过俄语书，未讲过一句俄语，连 26 个字母都背不出了，单词全部不认识。怎么办？大家情况差不多，我忘了人家也忘了；45 天全部复习俄语也考不了几分——放弃。考试时带本汉俄字典去，查到多少是多少。

语文：我分析，语文考试一般分两部分——古文翻译和作文。古文是我的强项，我从《古文观止》上找了三篇代表性的文章，用两天时间把它弄懂弄通就行；

作文题目就准备了一个"新长征"。专业课和政治理论，是我的爱好，从未放弃，虽然是我的优势，但这两门课是主课，应是我复习的重点，万万不可掉以轻心，所以，我40天左右都花在准备这两门主课上。

在准备政治考试大题目和作文题时，我和桂珍颇费周折。当时报章杂志每天宣传华主席要率领全国人民进行新的长征，我俩认为"新长征"一定会作为一个大题目出现在考卷上，分数不会少于40分，甚至能有60分，只是吃不准是放在政治试卷内还是作为作文题考，反正这是一个必考的题目。于是乎，我就精心准备了一篇"新长征"的文章。果不其然，作文题目就是"新长征"，计60分，算是押准题了。连题目和分值都一分不差，真是幸运！

备考原则定了，时间呢？不出一点意外，满打满算也只有43天。当时的中学，教师是坐班制的，不管有课无课，要上8小时班。我每天要上三节政治课，雷打不动的；我教的是高三，为迎接高考，每周两个晚上去学校给他们辅导政治理论课；因1977年高考猜题而小有名气，还应邀到其他中学辅导政治课。

这样一排，我自己的复习时间只能全部靠晚上了。

这时我爱人提出：咱们全家，悠悠万事，唯你为大，两个儿子的学习、生活你一概不用管（当时他俩都在上小学）；全家的一切家务由她承担；我个人的生活，除了大小便，也全部她管。

于是乎，从4月1日开始，我除了看书之外，万事不管不问，衣来伸手，饭来张口：早上叫醒时，衣裤已叠在床头，牙缸已放好水，牙膏已挤好，毛巾已放在脸盆里；洗漱完毕，一碗热气腾腾的蛋炒饭已放在面前；晚上12点，夫人还专门给我烧一顿夜宵，我边吃夜宵边看书；夜宵后，夫人帮我倒好洗脚水，并亲自为我洗脚，我边泡脚边看书——一分钟不耽搁，一分钟不浪费！我每晚在客厅复习到凌晨二三点，最迟到凌晨4点——白天有课，再晚睡就不行了。尽管夫人照料得十分周到，但有一次还是出了个大洋相，引得全班同学哄堂大笑半天。

有一天早上，起床有点紧张，快速扒完一大碗蛋炒饭，就骑车往学校赶第一节课。一边讲课，一边就感到后背很紧，不舒服，我就用一只手不停地扯后背衣服，但总是扯不平。后来，右手在外衣内抓到一团东西，用力一扯，一条大花枕巾就扯出来了，由于用力过猛，毛巾直接经过胸前甩到头上再掉下来。全班同学大吃一惊，个个瞪大了眼睛，以为我在表演戏法什么的。等我说明是昨晚睡得太晚，早上起床穿衣太匆忙，把枕巾穿到毛衣里了之后，全体同学哄堂大笑，人人笑得前仰后合，课堂大乱，有个别男同学还站起来拍手、欢呼，弄得我狼狈不堪。这是我教书40余年，唯一出的教学"事故"！现在一想到这件事，我自己也会不由自主地笑出声来。

考研期间，还发生过一件奇特的、说不清道不明的事。

5月14日的晚上，我在休息时走到阳台上，侍弄我养的一盆紫罗兰花，看到上面有五六个花骨朵，估计两三天后会开放。我顺口对夫人说："桂珍，如果今天夜里紫罗兰花开了，那我明天就一定会考上。"我说了这句话后，不禁咋舌，十分后悔：按常理，明明要过几天才会开的花，怎么要求它今夜开呢？这不是自触霉头吗？！说完，我给紫罗兰浇了一点水，就去看书了。

第二天早上一起床，我立马跑到阳台上看我的紫罗兰："哇！桂珍桂珍快来看，开了开了！开了开了！"紫罗兰真的开花了，开了四五朵，真是个好兆头。桂珍过来一看，脸上露出了笑容，紧紧抓住了我的双手："放心大胆去考吧，你一定会考上，紫罗兰提前报喜了。"5月15日这一天，我是满怀信心、满怀希望、充满激情去考试的。从此以后，不管在任何地方，只要看到紫罗兰，我就会有一种别样的感觉，我都会怀着崇敬的心多看几眼。怪不怪？今天想起来，还觉得不可思议——也许和我浇水有关系？

现在，我家阳台上就养着一盆紫罗兰，时不时绽放出朵朵粉红色的小花来，仿佛在问我，还记得当年我提前向你报喜的事吗？

这样度过了紧张的45天。考完后到衢化医院门诊部一过称：重了整整8斤！如果要评优秀"饲养员"，我夫人一定榜上有名。

衢县报考研究生的有50多人。初试是县教育局负责组织的，在一个考场里面，大家各考各的，不同的专业考不同的内容。初试我也猜题目。语文主要是古典文学，我就挑了三篇古典文学，把这三篇弄通就行。我原来的功底就好，而且"文化大革命"期间我也一直坚持看书。政治题目我也猜了，大题目、小题目、名词解释、小问答，大题目我就准备了一个"新长征"。第一门考语文，一看是《劝学篇》，要把古文翻译成现代文，正好是我准备的三篇里面的一篇，一口气吐了出来。那时考场环境比较宽松，我们都抽烟，旁边的监考老师也不管。我一看这个题目，太容易了，就点起香烟来在那想，差不多一根香烟抽好，就开始写，写了之后，看看字写得不漂亮，向老师又要了张纸，重新抄了一遍。抄了一遍再看时间，还有一个小时呢。我想算了吧，就这样吧，把卷子拿起来，一叠一看，呀！作文题！那个卷子是正反面的！一面是古文翻译，一面是作文题！一下子眼前漆黑一片，脑子"嗡"的一下，汗就出来了。过了好几分钟，才慢慢看清楚。一看题目，啊！还好，是"新长征"，就是我准备的政治题，把它转换一个角度就可以了，就怕时间来不及。已经没办法打草稿了，就拿着钢笔在那里写，笔尖碰到桌子"哒哒哒哒"的，一个字都写不出来，手不停地抖，整个人都在发抖。放下笔，再抽烟，稳定情绪，才开始写，最后还是按时交卷了。

结果，本人在全国报考浙江大学科学社会主义专业的考生中获得初试第一名（四门课总成绩第一名）。

6月10日，我接到复试通知。7月15日，赶到杭州浙江大学，参加研究生复试。我们复试就考一门课：中共党史。我报的是科学社会主义专业，研究的方向是中共党史，这就是我最喜欢的专业。当年全国招科学社会主义中共党史方向研究生的就只有浙江大学一所。我的母校杭大的党史力量很强，国际共运史力量也很强，但它那年不招生，只有浙江大学招。复试，我还是第一名。9月22日，接到录取通知书。10月5日，来杭州报到。

复试那天，杭州的天气特别热，将近40℃。我上身就穿一件短袖衬衫、一件背心去考试的。考试是在一个大的阶梯教室里面进行的。教室里没有空调，也没有电风扇，老师把一个个大木盆放在教室里，再把冰块放到里面，以降低

浙江大学1978年研究生招生

准 考 证

姓　名　黄书画

号　码　0326

报考专业　科学社会义

县 (区)　浙江.巨县

考试地点＿＿＿＿＿＿＿＿＿＿

考试科目及时间表

时　间	5月15日 (星期五)	5月16日 (星期六)	5月17日 (星期日)
上　午 (3小时)	政　治	科学社会 主义	
下　午 (3小时)	外　语	语文	

注：注意事项见后页。

浙江大学研究生招生准考证（1978年）

教室里的温度。胸前和双臂出的汗把试卷都弄湿了，无法写字。还好我带了条毛巾，放到冰上去掭掭，把短袖衬衫脱掉，穿个背心，弄点冰水包到头上和肩上，就那样考试。成绩还可以，我考了81分，是最高分。

这次报考研究生，通过初试和复试，我以总分第一的成绩被浙江大学录取，我终于抓住了一次改变命运的机会。

只争朝夕

那时的浙江大学马列主义教研室，有研究哲学的，研究政治经济学的，研究共运史的，研究自然辩证法的，我考的是中共党史教研组。马列主义教研室一共招10个研究生，4个专业，中共党史招3人，自然辩证法招3人，政治经济学招2人，哲学招2人。我们这10人，来自于8省，除了我是浙江的以外，其他9个都来自省外。哲学两个人，一个是青海的，一个是四川的；政治经济学两个人，一个是陕西的，一个是吉林的；自然辩证法3人，一个是甘肃的，一个是黑龙江的，一个是安徽的；中共党史3人，一个是黑龙江的，一个是陕西的，还有个我，是衢县的。我们这些人年龄差距也非常大，最大的是1938年生，最小的一个1952年生。甘肃来的都已经是讲师了，还有一个当时在黑龙江的一个林业局里当宣传部长，也考了过来。大学本科毕业离开学校十多年，重返学校，我们每个人都像是一块海绵，如饥似渴地学习。我们这批人原来都是大学本科毕业到农村里去的，在乡下待了10年，一下子再回到杭州，再回到高等学府来学习，这个机会太难得了。刚好又是"文化大革命"结束后，大家感到整个形势会好起来，国家会安定，一心一意搞建设、搞经济，所以大家的情绪也是蛮好的，所有的时间都拿来学习。有时，我们晚上会步行到杭州市工人文化宫去看《流浪者》、《红楼梦》等露天电影。我们考进来时，马列主义教研室主持工作的副主任孙育征老师就向我们宣布了两条。第一，我们浙大招研究生的目的，是为自己培养师资，你们这10人，将来都是要留校的，都是浙大的老师；发给你们的校徽是红校徽，用餐在教工食堂，你们的家属能够调的，尽快地调过来。第二，我看过你们的

恩师孙育征（左三），左一为著名学者盛晓明教授，右一为著名经济学家姚先国教授，左二为本人

档案，从家庭和社会关系以及你们的表现来看，你们都是可以入党的，没有问题。我们那个时候学习是极其用功的，晚上 12 点前不睡觉，每天都在读书。

学校还宣布：你们这批研究生是"文革"以来的第一批研究生，国家、党对你们寄予厚望；你们的外语一定要学好，每个人必须学两门外语。第一门是英语，第二门自选。我初中、高中、大学读的是俄语，到了这里后要学英语。我们的一个研究生同学张继昌，1952 年生的，毕业后在中学里教外语，他英语学起来很轻松。而我要从 ABC 开始学，所以我这三年花了很大的力气学英语。要知道，那时我快 40 岁了。我头天晚上 12 点睡觉前，背熟 20 个单词，第二天早上醒过来，记得五六个就很不错了。后来，第二门外语不要求了，大家就一门英语学到底。我当时最大的问题就是英语学习很困难，其他的专业课都没问题。专业方面，我之前 10 年就没有停止看书；最后的教学实习讲课，因为我已经在中学里面教了那么多年，所以都还是比较顺利的，获优秀。3 年学习，很苦很苦，最苦就在外语——这个苦，是自找的，还是乐在其中的，苦中有乐，乐中有苦。

研究生学习，主要是靠自学。一是读原著，实际上就是自学：老师布置书目，布置题目，你自己去读书、去研究、去思考。第二个，就是要讨论，经常开展讨论。中共党史这个专业，我们3个研究生、6个老师组成了一个指导小组，他们6个来指导我们。实际上，当时浙大科学社会主义招研究生是以副教授李尚汉的名义招的。但是等到我们入学，李尚汉老师已经去世了，接下来是一批讲师带我们。第三个，是实地考察。中共党史里我最感兴趣的是建党初期以及第一、第二次国内革命战争时期。我们到井冈山待了近三个月，实地调查，参观那些革命胜迹、旧居，收集资料，拜访老同志，这也是理论跟实践相结合。

吃粮大户

研究生时期生活还是比较方便的。我住在四食堂旁边的一栋楼。这栋楼原来是留学生楼，房间比较大比较宽敞，是地板房，配套设施齐全。那时学校其他学生的校徽都是白色的，给我们发的则是红色校徽，是按照教工待遇来的，我们吃饭都在教工食堂吃。学校对我们很照顾，因为我们这批人除一人外都成家了，家里都有老婆和孩子，来读书也是很不容易的。

我们属于带薪读书，按照原来的待遇。我来的时候工资是每月五十五元，除了自己生活，还要养家糊口。一个人在这里吃饭生活，跟全家在一起不一样，而且我这个人能吃，一天要吃两斤粮票。我读大学的时候粮食每月定量31斤，工作以后变27斤。所以，我到这里27斤粮食基本上也就够吃半个月的。我晚上12点以前不睡觉，每天晚饭到教工食堂吃的时候，就买3个馒头回来，二两一个，一共六两。馒头是冷的，就买了个小电炉，在寝室里烤馒头吃。电炉平常要藏到床底下，因为有检查的呀。我们寝室就有人被抓住过：有天晚上他正拿着馒头在那里烤，被宿管逮个正着，学校还广播批评了。我还好，那天我坐在那里看书，一看有人进来，赶快用脚把那个电炉踢到床板底下去，坐着不动，没有被查到。我中午要吃4个馒头、晚上要吃4个，还要买3个回来，加上早上的，一天至少要两斤粮票。那时家里、朋友都送我粮票，支援我这个吃粮大户。我之所以成了吃粮大户，是因为钱少，很少买荤菜吃，肚子里油水少，主粮就吃多了。

在我们研究生中，生活窘迫的并不只我一个人。有一个未婚的同学，早上只吃烧饼不买油条：油条、烧饼同价，但烧饼撑肚子。我把裴多菲的一首诗加以改编送他：烧饼不算贵，油条价太高；因要娶媳妇，无奈弃油条。也是一种自嘲吧！

家人团聚

我爱人于1980年4月调来杭州，在浙江省标准计量局工作，就是现在的浙江省质量技术监督局。

当时，我正在温州考察，调研刘英的事迹。我到邮电局打了个长途电话，打到单位里给我爱人，问家里情况怎么样。她说你赶快回来，调动的事情有眉目了，杭州市已经同意她调到杭州，但是两个儿子只能带一个过来，怎么办？那时，杭州市有一个人口控制办公室，杭州市一年出多少人、进多少人，是有计划的，不可以超过计划。像我们这样一家三口来，杭州市增加的人口太多，要留一个小孩在那里，带大的还是带小的，自己定。我告诉她不要担心，不可能把我们一个小孩留在那里流浪街头，最后组织肯定会考虑一起过来的。果不其然，最后他们三个人一起调来杭州。

我在杭州读研究生时，大儿黄波和小儿黄涛在衢化子弟小学读书，我们一家四口人，三个人读书，家全靠我爱人一个人操持，十分辛苦，我在校苦读，一点忙也帮不上。我戏称我老婆是"卖盐的老婆，卖棒冰的妈——贤（咸）妻良（凉）母"。

1979年1月，学校放寒假，离家半年，实在太想家了。那一天，上午考外语，下午开始放假。上午考试时，我就把旅行袋带到教室，一考完，直奔火车站。

由于事先打长途电话告知了我爱人火车班次，当我从衢县火车站转乘公交车到衢化站下车时，一眼看到我两个儿子站在冷风里等我，两颊冻得绯红。我一把把他们两个揽在怀里，泪水哗哗地流了下来……当时，大儿子手里提着一个小袋子，告诉我里面有4个肉包子，肚子饿了可以吃……此情此景，无以言表！转眼间40年过去了，两个儿子都已成家立业做了人父，但当年的一切，仿佛就在眼前，恍如昨日，历历在目，永远不会忘怀。今天写到这里，又想起了当年两个儿子站在寒风中等我的情景，鼻子发酸，眼睛湿润了……

常想一二

研究生苦读3年，最后未获得硕士学位，不能不说很失落。

有两点需要说明：

第一，1978年国家招收"文革"后第一届研究生时，全国尚未恢复学位制度，也就是说，1978年招的研究生是不授予学位的；

第二，当年浙江大学人文社科学科没有学位授予权（"文革"前，浙大理工科大多专业有学位授予权，而人文社科则没有）。

临近我们毕业的1981年下半年，国家恢复了学位制度，即原来有学位授予权的单位可以授予学位了，但浙大人文社科仍无学位授予权。

1980年底，我完成了毕业论文的写作。我论文的题目是《试论党内斗争的经验教训》。

1981年初，遵照导师的意见，我把我的毕业论文送往北京，请三位全国一流党史专家评审。一个月之后，三位专家的意见出来了：第一，论文达到毕业水平，可以通过准予毕业；第二，论文有创意，建议授予硕士学位。我悬了一个月的心，终于从喉咙口落位，大大地舒了一口气！

但是，论文正式答辩的结果，却完全出乎意料，其症结有两个。

一是论文答辩的时间。

我们的论文答辩安排在 1981 年 10 月，这个时间非常关键：因为 1981 年 6 月 27 日，中共十一届六中全会通过了《关于建国以来党的若干历史问题的决议》。该决议对新中国成立以来党的重大历史问题作了结论，有许多新观点新思想，而我的论文是在十一届六中全会召开半年之前写成的：在十一届六中全会之前，我的论文有新意、有创见；而在六中全会之后，我的主要观点六中全会的决议中都讲了——把我 1980 年底的论文观点和 1981 年 6 月通过的六中全会决议相比较，我的论文变得没有新意、没有创见了！

按常理，我在六中全会之前半年的论文观点，能和半年之后通过的六中全会决议精神相一致，这更说明我的论文有创见、有新意，有超前意识，但答辩委员会主席说：你的观点六中全会决议中都讲了，没有创见……

在答辩中间休息时，我的 3 位导师情绪激动，一致主张我和答辩委员会进行辩论，充分阐述自己的观点——有一位导师讲：必须争，不蒸馒头争口气，欺人太甚了，要和答辩委员缪楚黄主席争论到底，同时争取另外 4 个委员。

这时，我反而倒比较冷静了。我想：胳膊是扭不过大腿的，他们是强者，刀把子握在他们手里；更何况答辩委员会有 5 个人，我是单枪匹马孤军奋战，苦读 3 年，能顺利毕业是第一要义，弄不好鸡飞蛋打毕不了业。现在是鸡已经飞了，如果蛋再打掉，如何向妻儿、向导师交代？如何面对江东父老？再说了，我们考浙大研究生的时候，根本就没有学位一说，现在没有不是也正常吗？

斯大林说过：一切都随着时间、地点和条件的转移而转移。可他们不讲时间、地点和条件，把我 1980 年的论文观点放到 1981 年 6 月的中央决议后去衡量。我作为学生、作为弱者，我没有去抗争，我不可能和他们去讲马克思、去讲斯大林，我要毕业！我要工作！我只能忍气吞声接受严酷的现实，以免带来更大的麻烦！

二是答辩委员会成员的组成。

我们这个论文答辩委员会，从北京请了 3 位委员，就是评审我论文的专家，他们认为我的论文可以通过，也建议授予硕士学位。关键是答辩委员会的主席缪楚黄：缪是搞党史的，又是中央党史研究室的主任，属正省部级官员。在缪的主导下，我的论文以 5∶0 通过，准予毕业；而关于是否授予硕士学位的表决却是 0∶5，全票反对——连原来明确表示可以授予硕士学位的 3 位专家也投了反对票。

我的师弟张继昌和我的命运一样，一对难兄难弟！

答辩结束，临近中午。我没有吃饭，回到黄龙洞白沙泉租住房内蒙头大睡，一直睡到夫人下班回来。见状，桂珍自然明白了一切，极力安抚我。

我们于 1981 年底毕业分配工作，我去了杭州师范学院。一年后，即 1983 年年初评上讲师——到这时，硕士学位对我已经没有任何实际意义了。

1993 年，我们毕业论文答辩委员会 5 位委员之一，为他一个晚辈（这晚辈是杭州师范学院的学生）读书之事来杭州师范学院找我。这时，我已是杭州师范学院院长、教授。我热情地接待了他老人家，并答应一定把他所托之事办好。

中午，我在学校食堂请他吃了一顿便饭，并一直把他送到校门口——他在校门口紧紧抱住我不放，口里一个劲地说："黄院长，对不起，实在对不起！"

其实，真没有什么对不起的，他老人家虽是党史界的权威，但在更大的权威和政府高官面前，他也有他的难处。

天下事难尽如人意，人生不如意事常十之八九，常想一二是良方。更何况，时间已经过去十多年了呢？时间虽然不能磨灭一切，但可以把砺石打磨得缺棱少角。

宽以待人就是厚待自己。

入党无门

我生父黄诗兴、生母张纪英，都是在 1932 年由我叔父黄仲华介绍入党的。我的大姑母、二姑母也在 20 世纪 30 年代入党——当时我家父辈全都是共产党员，被国民党莱芜县党部称为"黄仲华家一窝子共产党"。后来，成为烈士的我叔父的第一个夫人张玉芳是共产党员，再后来的夫人陈化文也是老共产党员。到我成年后，我是家里唯一的非党员。

1978 年 10 月考取浙大研究生时，浙大马列教研室领导孙育征老师第一次跟我们集体谈话时就明确讲：第一，从你们的家庭、社会关系和个人表现来看，都具备入党条件，努力一下都可以加入中国共产党，成为共产党员；第二，我们马列室招研究生是有私心的，是为自己培养教师，毕业后你们都留浙大当老师。

我们 10 个研究生中，有 4 个共产党员，他们组成了一个党小组，党组织就在我们身边。听了马列室领导的讲话，我们都深受鼓舞，所以开学不久，我们 6 个非党员都递交了入党申请书，党小组也确定了联系我们的党员，并分别找我们谈话，帮助我们进步，气氛相当融洽。

但后来不久，情况发生了变化。马列室领导对我们说，教育部来了通知，浙大招的研究生不能都留浙大，必须要参加全国研究生统一分配。而参加全国统一分配的话，是党员和不是党员是有很大甚至是根本性差别的。尤其是搞社会科学，还是研究中国共产党历史的，如果不是中共党员，人家单位拿到档案，头脑中产生的第一个疑问就是"这个人是学马列的，为什么还不是党员？一定有问题吧？"

这个消息一出来，党小组就再也没有说起发展党员的事了，指定的联系人再也没有找我们谈话了。三年下来，我们 6 个无一人能入党。

未能在浙大加入中国共产党，这是我三年研究生生涯中最大的遗憾，辜负了马列室领导对我们的厚望。恩师孙育征已于 2017 年仙逝，我愧对于他老人家！

但是，我们这 6 人毕业到了新单位后，很快就被党组织吸收，并都担任了相应的领导职务。当然，这是后话。

第六章

选择杭师院

一片沼泽地

真是光阴似箭，日月如梭，转眼之间三年过去了，要分配工作了。

对于工作分配，我给自己定了四条原则：一、不留浙大；二、不去杭大；三、不去机关；四、找一所有政治专业的大学去教专业课。

不留浙大：留浙大的优点是人头熟，不利因素是人头太熟——他们都是我的老师，学术上展不开——大树底下不长草。

不去杭大：杭州大学有政治系，除了北京的人民大学外，杭州大学中共党史实力最雄厚。但去杭大和留浙大遇到同样一个问题：杭大政治系的教师都是我本科的老师，人头太熟，利弊同浙大。真理是要探究的，学术是要争论的，真理是越辩越明的，此乃所谓"百家争鸣，百花齐放"。但是，我怎么跟我的师辈们去争鸣、去齐放？仍然是大树底下不长草的问题。与老师相比，他们是大树，我只能是一棵小草。

不去机关：当时，"文化大革命"刚结束，百废待兴。"文化大革命"中踢开党委闹革命、砸烂公检法、大批干部精简下放，省委机关需要补充大量的有生力量，有几个部门找上门来，要我去他们那里工作。他们说，只要你答应，一切手续我们都会办好的。但是，我想搞学问、搞理论研究的初衷没有变，不想去机关。

去教专业课：从教专业课的角度讲，留浙大或去杭大是最理想的，但我不想一辈子在老师的翅膀底下。在杭其他高校，如浙医大、浙农大等，都是好大学，他们也都欢迎我去，但到这些高校，我的专业变成了公共课——我在这些学校只能教公共课。公共课就不是主课、不是专业课，学生一般是不感兴趣，不喜欢听的，我自己学术上也不会有什么大的进步。找来找去，找到杭州师范学院。杭州师范学院有政史系，内部分政治专业、历史专业，"中共党史"课是政治专业的专业课、主课、基础课，正中吾意。

目标明确之后，我想去杭师院一探究竟。那是一个雨后的早晨，我骑了辆28寸的破自行车，从松木场带着我爱人一起去文一路96号看杭师院（那时，我还不知道文一路96号是杭师院分部，它在文二路还有一个本部）。自行车进入文一路骑了不到10米就骑不动了——那是一条非常泥泞的路，因是雨后，路上的烂泥有两三寸厚，烂泥把自行车的前后胎全部堵上了，根本不能骑。我把自行车锁在路边，两人步行，皮鞋上全是烂泥。

进入杭师院一看，总共六七栋楼房：三四栋学生宿舍，两栋教学楼，一栋实验楼、一栋食堂和一个图书馆，另外就没有建筑了，四周全是水田和沼泽地。

杭师院是1978年建校的，我1981年去看时，杭师院才建院三年，还没有毕业生，是一所刚刚落地、非常年轻的学校。但我和我爱人当晚就决定：到杭师院去。因为我看中的不是校舍——就算看校舍条件，也比大洲中学强多了——我看中的是专业。

当天晚上，我和桂珍两人进行了深入的讨论。第一，离开浙大，这是肯定的。第二，当时杭大、浙农大、浙医大三所省属重点大学已明确表示欢迎我去。第三，省级机关也向我伸出了橄榄枝，怎么办，到底去哪个单位？第四，当时杭师院才建校三年，完全是一所崭新的学校，还是一个在襁褓中牙牙学语的婴儿，校园在一片沼泽地中，显得十分荒凉。

我们比对来比对去，认为一定要去教专业课，否则没有出路，杭师院最年轻，也就是最有发展空间，最有发展前途：学校有前途，教职员工也就有前途。最后横下一条心：去杭师院。事后证明：选择杭师院是完全正确的，甚至可以说是英明无比的决策。

考不考研究生，桂珍拍的板；去杭师院，桂珍是力主的，坚决支持我的想法——如她犹豫不决，我一个人是下不了这个决心的。

人们常说，成功男人的背后，都有一个能干的女人——我不算成功者，但我背后的确有一个了不起的、非常有头脑的夫人。我之所以成为今天的我，穆桂珍同志功不可没。

我想，如果桂珍1978年去浙大读四年本科，又是有几年党龄的党员，又是"文化大革命"后拨乱反正、百废待兴之时，凭她的聪明才智，凭她的能力和水平，最后她是不会从处级岗位上退下来的。

我把我要去杭师院的决定告诉浙大，浙大人事处的同志和老师们说："黄书孟，你要慎重考虑哦。"

过了不久，杭师院就通知我去试讲。那天，杭师院政史系主任李义佐（后任院长）、副主任肖也珍及一批专业教师叶志麟等都来听课。再过几天，杭师院通知浙大和我本人：试讲优秀，欢迎来杭师院。

1981年，杭师院共接收了4名研究生：数学专业蔡开仁、田正平，中文专业虞蘋蘋，马列专业就是我——这是杭师院成立以来接收的第一批研究生教师。

1982年2月，寒假过后，我正式到杭师院报到，成了一名师院人，一干就是15年。

教学相长

1982年2月我到杭师院报到，寒假过后一开学就正式上课，学校没有给我备课时间。但因为志向是教书，所以在写完毕业论文之后，我自己就开始备课了，故并不感到急促。

第一年，我给政治专业学生开的是中共党史课，这是一门专业课、主课，教学对象是公师班、民师班两个班；每个班一周四节课（两节连着上），一周共上八节课。

我讲课与别人不一样：其他教师是按照教材一节一节讲，我不按教材上课，我按专题讲，分专题讲。

我选了一本中共党史教材给学生。我对他们说：教材你们自己看，字应该都认识，不认识的可以查字典，可以问同学，我不按教材讲，我按专题给你们上课。

譬如土地革命，中国共产党的土地革命政策。第一次国内革命战争时期有土地革命内容，第二次国内革命战争时期、抗日战争时期有，第三次国内革命战争时期也有，全国解放以后更有大规模土地改革——土地革命贯穿了中国共产党领导中国革命的全过程，是一条主线。但各个时期的土地革命政策又都是不一样的，是有变化的，为什么会有变化，等等。我不是分段讲，而是串起来按专题讲，学生印象非常深刻，在讲历史的过程中，进行思考、理论教育，效果明显。

关于考试，我对学生说：教材上有的，我没有讲的要考；我讲过的、教材上没有的也要考，这就是考试范围。于是学生们上课认真听，课外认真看教材，知识掌握得全面扎实。

从1983年开始，我又开了毛泽东思想概论课，也是给政治专业的学生作为专业基础课上的，和中共党史课相配合。这门课的教材是我自己编的，我是浙江省高校第一个开这门课的。

我教的这俩公师班和民师班，非同小可，可不是一般的普通大学生。

公师班是从中学招来的公办教师，叫公师班；民师班是从中学招的民办教师，叫民师班。

他们大多是知青，没有读过大学。这批人大都是中学的骨干政治老师。有的担任过校长，有的任过副校长，有的任过教导主任，有的是教研组长，有一定的理论基础，有一定的实践经验，有相当的教学经验和水平，大多已结婚并有子女。

他们对教师的要求很高，要求系统性、理论性，要求讲得深、讲得透。他们和我读研究生时的心态一样，似海绵吸水、如饥似渴，拼命地学习。

他们能和我在课堂上和课后进行交流，能对我的教学提出意见和建议，这和刚从高中招来的大学生是完全不同的——他们的知识水平、他们的学习态度、他们对知识的不懈追求，他们对授课者的高要求，对我促进极大。我必须加紧备课、高标准备课，务必把课讲深讲透，不让他们失望，要对得起他们。我和他们的关系，成了同学关系：一同学习，一同探讨问题，互相促进，共同提高。

被他们所感动，我采取了一项措施：当天白天有哪个班的课，这一天的晚上我就去学校给他们班作辅导。我对他们承诺：只要天上不下刺刀、不下手榴弹，哪怕刮再大的风，下再大的雨，我一定来解惑答疑（这样一周要有四个晚上去班里辅导）。

我的讲课，采取启发式、讨论式，而不是满堂灌。上课时，同学们可以随时发问，随时提问题，可以超出讲课范围提问，可以发表不同意见，可以提出质疑，我们共同研讨和磋商。

在这两个班的教学中，我真正体会到了什么是"教"，什么是"学"——"教"与"学"是一对相辅相成的孪生兄弟。我教得畅快，同学们学得满意。

直到现在，我和这两个班的许多同学都保持着联系，如安吉县的董才宝、丽水市的周伟东、缙云县的王国代、庆元县的吴应兴等等，他们每次开同学会，都会邀请我，我也是有请必到。他们走上工作岗位后，都做出了出色的成绩，为人民做了贡献。

当时，杭师院评"最受学生欢迎的老师"，余为其一。在杭师院期间，我还被教育部曾宪梓教育基金会评为优秀教师，获得4000元港币的奖金。

夙愿实现

我刚到杭师院的时候，学校下面不设学院的，就是系。我的档案大概还可以吧，系总支书记黄兰成、副书记肖也珍在支部开会，就想当然地通知我去过组织生活，弄得我很难为情，他们再三向我表示歉意。

于是，他们找了两个党员作为我的联系人，帮助我进步，向党组织靠拢。一个叫叶志麟，教革命史的，解放前参加了地下党。还有一个是教历史的裴耀鼎老师，他们两位后来就是我的入党介绍人。申请入党的人一般都过一段时间就写一次申请书，过一段时间就向组织汇报自己的思想。我好像没什么东西专门要汇报的，碰到问题自己都解决了，这方面做得不是太好。经过一段时间的观察和考察，支部认为我基本条件还可以，在 1984 年 5 月 4 日发展我入党。我多年的夙愿终于得以实现!

职称晋升

评职称条例规定：研究生毕业以后不用专门评讲师，工作一年后，假如是合格的、称职的，就定为讲师；定为讲师五年之后可以申报副教授，副教授五年之后可以申报教授。1982 年分到杭师院的研究生，一年以后评定讲师时，我们 4 个人里边两个评上讲师，两个没评上。5 年之后的 1988 年，经过申报，我评上了副教授。又过了 5 年，1993 年，申报教授，我也评上了。这段时间，除了繁重的教学任务和行政工作，我科研论文还是写得不少的。

从研究生毕业教学一年定为讲师（1982—1983），讲师五年评上副教授（1984—1988），副教授五年评上教授（1989—1993），我是踩着点走的。如果任职时间不到要申报，那就是破格。破格要有突出成绩，非常困难，极少人能破格。我是按毛主席的军事战略即"步步为营，稳扎稳打"来申报职称的，不冒险申报破格晋升。那时，杭师院自己没有评副教授和教授的权力，都要送到浙江省教育厅组织的浙江省高级职称评审委员会评审（我评上教授后，当了 5 年的浙江省高级职称评审委员会的委员）。全省教师综合评审，难度极大，能 5 年正常晋升就已经很好了。

评职称有三条硬杠子：第一条，教学任务，一年教了多少课时的书，上了多少课；第二条，发表了多少论文，要有创意的、高质量的论文；第三条，外语考试得过关。那段时间，我书要教，英语要学，行政工作要搞，党务工作也要搞，是最辛苦的。在高校教书，职称是需要评的，因为工资待遇、住房分配等都是要按职称定的，但不能太贪，心要平一点。有的教师在高校教了几十年的书，最后只以讲师或副教授的身份退休，而且不在少数。我读研究生时指导组的一些老师直到退休也没评上教授，而且我评上教授的时间比我导师还早。所以，我每次去浙大见导师，绝对避免谈职称评审的事，我怕导师伤心，不能刺激他们。实事求是地说，职称评审有诸多不合理因素，并不都是教师的水平问题。

我与马云

我 1982 年初来到杭师院，政史系 83 级新生招进来，我就当了 83（1）班的班主任。1984 年 6 月，学校调我到教务处当副处长。

教务处是学校里最繁忙、最重要的一个处，是一个综合性的部门，全校的教务——教学、考试、教材、文印和设备，都是由教务处负责的。我在教务处兢兢业业地当了两年半的副处长，两年多下来对全校的教学、学生、教师、设备各方面都很熟悉了。

1986 年底，经过全校中层以上干部和教师的推荐，经过上级党委的考察，任命我三个职务：院党委副书记兼纪委书记、副院长。

既是党委副书记又是副院长，横跨党委和行政，这在杭师院的干部史上是没有的，还要兼院纪委书记，我切实感到了杭师院师生们的重托、上级党组织的信任和肩上担子的沉重。

按党委副书记分工，我负责宣传、统战、人民武装、国家安全、学生思想、工会、团委、纪律检查、监察、审计、校学生会工作；按副院长行政分工，我负责院长办公室（学校日常行政工作）、学生处、招生处、保卫处等，学生的日常管理、招生和毕业分配都在我这个口子。从大的方面讲，我的工作一是党群片，一是学生片。

杭师院毕业生马云在多次讲话中都提到，1988 年我把他分配到杭州电子工业学院（现杭州电子科技大学）时，对他提了一个条件，他也践行了自己的承诺。

1984 年 6 月，学校任命我为教务处副处长，我迟迟没有到岗，因为我不愿去，想留在系里教书。拖到 7 月底，分管副院长李义佐找我谈话，意思是：黄书孟，你是新党员，没有条件，也不征求意见，8 月 1 日，在屏风山疗养院招生，你带

"西湖论剑"（2000 年·杭州）

左一金庸、左二黄书孟、左三丁磊、左四张朝阳、左五马云、左六王峻涛

和马云在一起（2015 年）

队去招生。于是，8月1日上午，我带领教务处、学生处、人事处及各个系的领导等工作人员上山招生——这是我第一次负责招生工作。

这一年，马云被我院外语系英语本科专业录取，我代表学校在新生录取名单上签字——但当时并不知马云其人（这是马云的第三次高考）。

马云进校后，渐渐浮出水面——他的组织能力、活动能力、号召力、热情、人缘，逐步为学生认可。在院学生会改选时，他被选为院学生会主席，后又被选为杭州市学生会联合会主席。

学生工作，是我工作的重要一项。我主要依靠学生处、院团委和院学生会开展学生工作，马云成为我的得力助手和依靠对象。

1984年马云报考杭师院时，我管招生；1988年马云毕业时，我又管毕业分配——我跟马云还真有缘！

我们杭师院作为师范学院，它的主要任务是为中学培养师资。所以，我们的毕业生除极少数学生留校外，都分配到各地中学教书。偏偏在1988年，杭州电子工业学院（现杭州电子科技大学）需要一名英语教师，我稍作思考，便决定把马云分过去。

那天马云去报到时，我一直把他送到师院大门口。在告别时，我对马云说："马云，你脑子太活，你这小子到了杭电后，至少要工作5年，5年之内不准离开。""为什么？"马云问我。"为什么？第一，你在杭电当5年大学教师，为人师表，可以提高你自身的素养，可以完善你的人格，对你以后会有益处；第二，你是杭师院毕业生中第一个分配到高校当大学教师的，人家就通过你来看杭师院的教学水准。你表现好，人家会继续要我们的毕业生，你就为你的师弟师妹开辟了一条新路；否则，你就断了师弟师妹们的出路。"马云说："好的，黄院长，我听你的，5年之内不离开杭电！"

马云践行了他的诺言，在杭电工作了5年，第6年辞职。

马云在多地的演讲中，多次讲到我们两人的这个约定。在有关马云的书中和网上，也时不时地出现这个约定，有的叫"黄马之约"，有的叫"老校长和

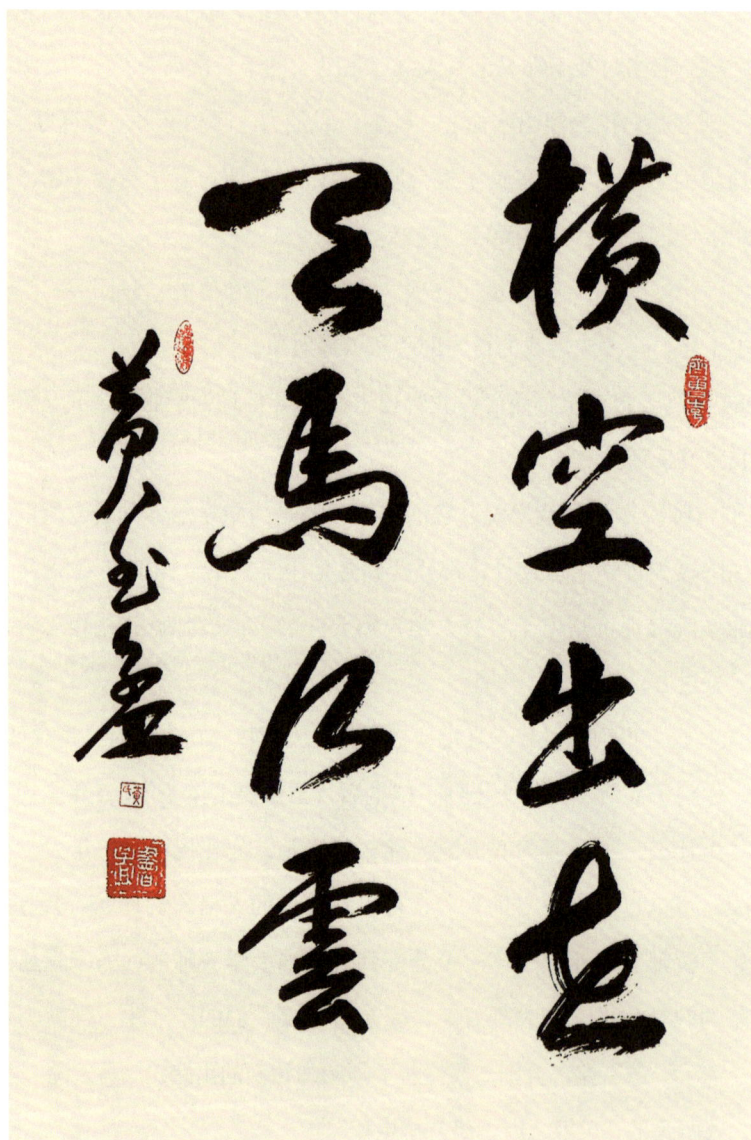

横空出世
天马行云

2015 年，马云向杭师大捐款一个亿，学校要为马云出一本纪念册，
要我题写刊名，我便写了这八个字

马云的 5 年之约"，是的，确有其事——马云是一个信守承诺的人。

2015 年，马云捐款一亿元人民币给母校杭师大。杭师大要为马云做一本照片纪念册，要我题写刊名。我写了"横空出世，天马行云"八个字，印在纪念册封面上。

这八个字，是我未加思索写出来的——因为它在我的脑海中已存在很久了。坊间传说，马云不是我们地球上的人，是天外来客，是个外星人——他的脸型不像地球人，他的脑袋更是地球人所不具备的。虽是无稽之谈，倒也说中一点：马云的奇思妙想确非常人所有。所以，我早就想写这几个字给马云，这次正赶上一个机会。马云出生时，没有雷鸣闪电，没有霞光满天，也没有天崩地裂，故写"横空出世"，也是一种非同一般吧；"天马行云"，把马云的名字嵌了进去——因为他不是一般人，是可以在天上云中行走的——如果说他是一匹马，也是天马，非常马也。

4 年的师范生生活和 6 年的大学教师生涯，对马云产生了什么样的影响？马云自己说："4 年的师范，6 年的老师，这 10 年的经历让我成为了今天的我。"*

一流师院

1991 年，我被任命为杭州师范学院院长。

---

* 《马云 2018 年 5 月 13 日在杭州师范大学 110 周年校庆大会上的讲话》节录："杭师大给了我的第二个了不起的东西就是把我培养成了一名老师。我经常说，我从来没当过、没学过如何当 CEO，我是用教师的方法去当 CEO。在我看来，CEO 就是 chief education officer——首席教育官，所以我把杭师大所学的当老师的所有的经历，把自己当老师的经验带到了创业中。因为老师是一个非常了不起的职业，也是最伟大的职业。做老师的工作，唯一的目的就是让你的学生比你更强、比你更好。希望能够比自己做的一切都要更好。没有哪个老师希望自己的学生破产，没有一个老师希望自己的学生出事。我们都希望学生做得比自己好，CEO 如果不能像老师一样用成就他人的思想来做，不是去帮助员工成功，不是去帮助客户成功，不是去帮助合作伙伴成功，我相信这家公司就很难成功。阿里巴巴很多高管都是老师出身，老师身上有一种理想主义色彩，而正是这种理想主义成就了阿里巴巴，能够让它成为一家与众不同的公司。4 年的师范，6 年的老师，这 10 年的经历让我成为了今天的我。我一辈子都记得，也会记住，自己是一个师范生，能够成为老师是我一辈子最大的荣幸。"

在我担任副书记、副院长的时候，上有书记、院长，我只要按分工把我的本职工作做好就行，不会花太多精力和时间去思考、规划整个学院的发展。

但任院长之后，要全面主持学校的行政工作，除了学校的日常教学、科研、管理之外，更重要的是要规划学校的建设和发展，要制定学校五年、十年发展规划。

当时的师范类院校，共有三个层次：师范专科学校、师范学院、师范大学。名称的不同，标志着办学层次的高低。我们师范院校的领导在一起，会自嘲：咱们都是"喝稀饭（师范）"的，你是喝"稀饭"（师范学院）的，他是吃干饭的（师大），我是"专喝稀饭（师范专科）"的。

担任院长后，我集中一段时间，带领主要处室的人员，首先对浙江的师院、师专进行学习考察；然后对华东各省市的师范学院进行了考察；再后，对华南、西南、东北知名师范学院进行参观学习。经过一段时间考察，对全国师院的办学水平有了一个基本的了解，把他们的整体实力、共同点和优势，与自己学院进行了认真对比，最后的结论是：在华东、在全国师范学院中，我院处于第一梯队的中上游，经过三五年的努力，我们杭州师范学院有条件进入第一梯队前十名，也就是说可以达到全国一流师院的水平；再经过几年努力建设，可以达到师范大学的水平。

经过充分调查和慎重研究之后，在1991年底的学院第二次教职工代表大会上，我作了《明确方向，励精图治，为创全国一流师院而努力奋斗》的院长工作报告，首次提出了创建全国一流师院的明确奋斗目标，并在全院师生员工中深入广泛地开展了"争创全国一流师院"的大讨论。经过大讨论，提高了认识、统一了思想、明确了目标、增强了信心、鼓起了干劲，把全院师生员工的精力凝聚到了争创全国一流师院上来。随后，以争创一流师院大讨论为轴心，连续几年安排"管理年"、"基本建设年"、"落实服务年"等主题，有计划、有目的地开展专项活动，把大讨论和内部管理体制改革有机结合起来，推动各项工作，制定了学院争创全国一流师院的总体目标和长远规划，为学院的发展设

浙江省人民政府干部任免通知

浙政干〔1994〕39号

关于黄书孟等任职的通知

省政府研究决定：

黄书孟任杭州师范学院院长；

于秀源、顾德炜任杭州师范学院副院长；

金国梁任杭州医学高等专科学校校长。

一九九四年八月十九日

主题词：任免　通知

在杭师院院长任上（1991 年）

作争创全国一流师范学院动员报告（1991 年）

计了一幅美好的蓝图。经过几年努力，学院在教学、科研、师资队伍建设、学科建设、人才培养方面取得了明显的成效。

我们争创全国一流师院的活动，得到了浙江省委、省政府和杭州市委、市政府的充分肯定和大力支持，《杭州日报》头版头条予以连续报导，《浙江日报》也发专文鼓励。

把杭州师范学院建成全国一流师院、建成师范大学是我的奋斗目标，是我的期望和梦想，我愿为实现这个宏伟目标付出一切，终老杭师院。

1996 年我调离杭州师范学院后，我的继任者继续抓住争创全国一流师院的目标不放松，"一张蓝图绘到底，一任接着一任干"。经过几年的艰苦奋斗，杭州师范学院的综合办学实力大大提升，在人才培养、科学研究、师资队伍建设方面取得了骄人的成绩。终于在 2007 年，经教育部专家评审，杭州师范学院升格为杭州师范大学，实现了争创全国一流师院、建成师范大学的宏伟目标，圆了我的一流梦！

难舍杭师院

1996 年 10 月 21 日上午，我接到省委组织部的电话，要我第二天上午到省委组织部，省委领导要找我谈话。

22 日上午，我准时到达省委组织部。当时的省委常委、省委组织部部长周国富同志（后任浙江省委副书记、浙江省政协主席）代表省委找我谈话。

周部长的谈话开门见山："书孟，省委已研究决定，浙江医科大学班子换届，省委调你去浙江医科大学担任党委书记和第一副校长。这是省委、省政府对你在杭师院工作的肯定，是省委、省政府对你的信任和重托，这副担子很重，希望你不要辜负省委、省政府对你的厚望。你回去，尽快办好交接工作，随时准备去医大。"

然后，周部长简要向我介绍了浙医大的基本情况，具体介绍了新班子的人员组成情况和每个成员的特点、优点，明示了我到浙医大的工作任务和近期要抓的几项工作，并向我提了几个方面的注意事项和要求。

我不知道自己是怎样离开周部长办公室的，回到杭师院也不知道是怎么下车的……

1996年10月31日下午，省委来杭师院宣布班子调整。虞荣仁部长宣读了省委、省政府的任命文件，吴金水书记、盛继芳部长、顾树森主任先后讲话。他们讲话的主要精神是：省委、省政府调黄书孟同志去浙江医科大学担任党委书记，这是省委、省政府对杭师院这几年工作的肯定，也是对黄书孟同志的肯定、信任和重托，打破了省市属高校干部交流的界线，我们坚决拥护和执行。

会议最后，让我发言。我的发言不长，泪水几次模糊了我的眼睛，几度哽咽讲不下去，不得不停下来稳定情绪。几百人的会场，鸦雀无声，连彼此呼吸的声音都听得到，有许多同志流下了眼泪——会后有同志对我说，会场上响起了"经久不息的、雷鸣般的、留恋的、真诚的掌声"。我自己也确实从内心感到，在杭师院开了那么多会，听到过那么多掌声，今天最特别！

附我的发言

同志们：

刚才，省委组织部常务副部长虞荣仁同志宣读了中共浙江省委、省政府的任免决定。

第一，我完全服从省委、省政府的决定，坚决执行省委、省政府的决定。

第二，感谢省委、省政府对我的信任。

第三，我将尽心、尽力、尽责地去做好新的工作，决不辜负省委、省政府的重托和厚望。

近日来，我思想负担很重，精神压力很大：省委、省政府把这样重的担子压在我肩上，有些透不过气来，诚惶诚恐，我唯有加倍努力工作来报答组织的信任。

我是1982年2月27日来杭师院报到的，到今年已经是15个年头了。15年中，在政史系两年半，在教务处两年半，1986年底参与院党政领导工作也已经10年了。

到杭师院15年来，我认为自己在工作上是尽心尽力的，不曾稍有懈怠。

我从1991年3月起主持学院行政工作。我的工作是在前人——历届前任领导——

打下的基础上开始的。如果说这几年学校工作有什么进展的话，是因为前任给我打下了良好的基础，这是一。第二，这几年学院每一个成绩的取得，哪怕是每一个细小成绩的取得，都是全体师生员工共同努力的结果，尤其是广大中层干部、各系各部门负责人无私奉献、努力工作、大力配合、坚决支持的结果，没有你们的工作和支持，我只能是一事无成。我曾不止一次在大会上讲过，杭师院有一支高素质的处级以上的干部队伍，这是杭师院取得一切成绩的前提和保证。至于我个人的作用，仅仅在于组织、动员、协调、督查、出主意、抓落实。

在这个过程中，我批评过一些人和一些部门，说过一些很不中听的话，给大家施加过很大的压力，请大家谅解！我到院里工作10年来，尤其是1991年接任院长的6年来，在工作中得罪了一些同志，这些同志如还有什么想法，欢迎当面和我交换意见；如果认为我做错了，请向我提出批评，我也会自我检讨，并向同志们道歉。

这几年，对整个学校的工作，我作为院长，有一个长计划短安排的计划、设想，有些工作已经做了，达到了预期的目标；有些工作没有做好，我有责任；有些工作，已有安排，但还没有来得及做就要走了，感到遗憾。

坦诚地说：15年来，无论在杭师院的哪个岗位上，我都做到了殚精竭虑、呕心沥血，我问心无悔。

最后，请同志们允许我借这个再也不可能有的机会，表示我的三层意思。

第一，感谢同志们！衷心感谢同志们多年来对我的关心、爱护、支持和配合，没有你们的大力支持与配合工作，我个人只能是孤掌难鸣、一筹莫展、一事无成。虽然矛盾无处不在，无时不有，但没有矛盾就没有世界，我们生活在矛盾之中，又生活在一个统一体中。不管怎么说，我们从总体上讲是工作得好的——所以，我一谢全体师生员工的支持；二谢全体干部、党员尤其是今天在坐和不在坐的领导干部的支持；三谢院党政班子的同志们，还有已从领导岗位上退下来的李义佐、毕养赛等同志的合作、帮助、指导和支持。

第二，祝福同志们、祝福杭师院！祝杭师院在争创全国一流师院的大道上阔步前进、日新月异！祝各位同仁身体健康、精神愉快、家庭幸福！祝新任院长旗开得胜、心想事成、创辉煌业绩！

第三，我永远是师院人。我毕竟在杭师院工作15年，我再也没有工作的第二个15年了；我毕竟也是一个有血有肉有感情的人，我熟悉杭师院的一草一木、角角落落；15年来，我的全心扑在杭师院；自任院长以来，从年三十到年初一，从年初一到年三十，全心都扑在杭师院，并且早有终老杭师院的准备：卸任后，到政治系教书到退休，最后从杭师院到龙驹坞！

现在，我却将要奉命离开杭师院，但我永远是师院人！我愿继续为杭师院的发展尽绵薄之力、效犬马之劳！各位都是我的同志、同事和朋友，你们永远都是我的兄弟姐妹、父老乡亲！今后，我无论身在何处，你们都永远在我的心里！

谢谢同志们，再见了！

杭师院是我自己选择的，是我自愿要来的学校，是我研究生毕业后从业的理想胜地。杭师院痛快地接纳了我，是我安身立命的宝地，是我实现加入中国共产党夙愿的圣地。在杭师院的 15 年里，我从一名教师到教务处副处长，到院党委副书记、副院长、纪委书记，再到院长；在这里，我从讲师到副教授到教授。杭师院对我有知遇之恩、培养之恩、提拔之恩、重用之恩，我怎么能割舍得了接纳了我、培养了我、锻炼了我、提拔重用了我的杭师院呢？

所以，我的发言是"很悲切"的（同事评语），句句都是真情的流露，无半句虚言！

还有一桩事，杭师院的同事们让我感动至今。

1984 年，杭师院将本部从文二路迁至文一路，但一直没有修建一个像样的校门。在争创一流师院的"建设年"里，有一项是建校门。这个校门于 1996 年上半年开建，10 月进入收尾阶段。新校门大气、典雅、古朴，用花岗岩修造，在杭高校中，首屈一指。

11 月 5 日上午，我去杭师院运回最后一批书籍，同时向杭师院作最后的告别。令我没有想到的是：杭师院党委委员、宣传部长何光钊同志，临时清理了新校门门口的堆积物，打开了一条临时通道，让我的车子从新校门开出去。何部长轻轻地对我说："黄院长，你是第一个正式进出这个校门的人，杭师院的大门永远向你开着！"

我没有下车去向同志们告别、告谢，因为我两眼噙满了泪水，什么都看不见，什么话也说不出来了……

参加校运动会掷铅球（1991 年）

暑期工作会议（1996 年于浦江）

恩师、院长李文佑（左二），左一为汪宏儿（时任院团委副书记），右一史济锡（时任院团委书记）

参加政治系 83 级同学会（我曾任该班班主任· 2017 年）

刘英事迹报告会会场

刘英事迹报告会

1996年，是中共浙江省委书记刘英烈士诞辰90周年。

11月12日，中共浙江省委党史研究室、省直机关工委、省新四军研究会在省府大楼报告厅联合举行刘英事迹报告会，我奉命在大会上作《赤心献革命，决然无反顾》的刘英事迹报告。时任省委常委、省委秘书长吕祖善主持大会（吕后任浙江省省长），原省委书记铁瑛、原省人大常委会主任陈安羽、原省政协主席王家扬等老同志出席。

出席报告会的有省直机关干部、离退休老同志、部队指战员、武警官兵、大专院校学生等近千人。整个会场座无虚席，连台阶和地上都坐满了人。

在民主革命时期，浙江省曾有11人担任过省委书记，其中有6位省委书记被捕后壮烈牺牲，刘英是他们当中的杰出代表。

1929年4月，刘英在他老家江西瑞金参加了毛泽东、朱德率领的中国工农红军第四军。入伍后，刘英受到毛泽东的赏识和重用。

1934年，刘英和方志敏率领北上抗日先遣队突出重围，执行中央北上抗日的任务。1935年2月，部队在怀玉山失利后奉命组成挺进师到浙江。之后，刘英一直在浙江领导革命斗争，先后有7年多时间，曾任挺进师政委、中共浙江省委书记、闽浙边临时省委书记、中央特派员等。刘英任浙江省委书记4年，

作刘英事迹报告（1996 年 11 月）

大会主席台：左一省委常委、秘书长吕祖善（会议主持者），左二原省委书记铁瑛，
左三原省人大常委会主任陈安羽，左四为本人

是任职时间最长、革命影响最大的一位，创建了浙南（包括浙西南）革命根据地，斗争一直坚持到全国解放。

1939年7月，在中共浙江省第一次代表大会上，刘英等9人被选为党的七大代表。1939年10月，刘英率浙江代表团去延安参加会议。刘英一行到达皖南新四军军部时，毛泽东从延安发电报给刘英（经新四军军长项英转）：中央很希望你来延安参加会议，中央很想了解你们离开瑞金后的全部情况，很想知道方志敏的情况，但由于时局逆转，国民党由对外转向对内，由抗日转向反共，你不要来延安参加会议了，速回浙江坚持斗争。这样，刘英便从皖南返回浙南根据地，继续领导浙江的党的工作。

1942年2月，由于叛徒出卖，刘英在温州被捕。在狱中，刘英受尽敌人的严刑拷打，但他坚贞不屈，严守党的秘密，敌人一无所获。

1942年5月，蒋介石给国民党浙江省政府主席黄绍竑发来"饬速处决刘英"的急电。5月18日凌晨，刘英被敌人枪杀，时年36岁。

刘英是我党我军年轻的红军将领、无产阶级革命家——他为民族的生存、人民的解放，为共产主义事业的胜利，英勇奋斗了一生，并献出了年轻的宝贵的生命，为新中国的诞生流尽了最后一滴血！党和人民不会忘记他！

1992年，在刘英牺牲50周年之际，永康人民自发捐资在刘英就义处修建了刘英烈士陵园。

我之所以潜心搜集刘英事迹、撰写刘英传记，是有历史渊源的：

刘英牺牲的第三天，即1942年5月20日，他的儿子刘锡荣出生。从1957年至1962年，我和刘锡荣在杭州第十二中学同学5年，是同学也是校团委的同事（我是宣传委员，他是组织委员）。刘锡荣曾任浙江省常务副省长、中央纪律检查委员会副书记等职。

我从刘锡荣口中得知了他父亲刘英的许多情况。1978年我考上浙江大学中共党史研究生后，便把撰写刘英传列为我的科研课题。从1979年开始，我和师弟张继昌走遍祖国大江南北，查阅历史文献资料，拜访刘英的同事部下，费时5

刘锡荣来家看望：左一刘锡荣夫人詹黛薇，左二刘锡荣，左三黄书孟，左四穆桂珍

年，完成传记作品《刘英》和《刘英的故事》。《刘英》一文获全国中共党史人物传记优秀成果一等奖，并被拍成 8 集电视连续剧。

我们在调研考察刘英事迹的过程中，填补了一项历史空白。

刘英在 1929 年参加红四军之前，他的名字叫刘声沐。他和本村同族青年刘德连去参加红军，路上他对刘德连说："我们要去参加红军了，红军个个都是英雄好汉，我们参加红军后也要当英雄好汉。这样吧，我比你大，我改名叫刘英，你就叫刘雄，我们两人合起来就是英雄。"刘德连表示同意。所以，刘声沐参加红军时报的名是刘英（刘英参军后再也没有回过家乡，和家庭失去联系）。

刘英 1935 年率部挺进浙江后，我党处于地下时期，是秘密活动状态。尤其是刘英担任省委书记后，根据工作需要，刘英曾用过几个化名，主要有可夫、爱群、王志远、锄非、越人等。当时，就是刘英站在你面前，你可能知道他是爱群或是王志远，但你绝对不知道他就是共产党在浙江的最高领导人——省委书记刘英。

这样，便出现了一个问题。

刘英的老家江西瑞金，只知道刘声沐参加了红军，从此杳无音信；浙江则只知道刘英。我们经过慎密考察，把刘英和刘声沐联系了起来：浙江省委书记刘英就是江西瑞金竹岗村的刘声沐，江西瑞金竹岗村的刘声沐就是浙江省委书记刘英。刘英、刘声沐是一个人——我们找到了一个完整的刘英。

今年是中国共产党成立 100 周年、中华人民共和国成立 72 周年——新中国是无数革命先烈用头颅和热血换来的，先烈们永远活在我们心里！宣传革命先烈，是我的职责，也是我的心愿！

浙干任〔1996〕125号

关于黄书孟等同志职务任免的通知

省委决定：

黄书孟同志任浙江医科大学党委委员、书记，免去其杭州师范学院党委副书记、委员职务；

李兰娟同志任浙江医科大学党委委员、副书记兼纪律检查委员会委员、书记；

李鲁同志任浙江医科大学党委委员、副书记；

来茂德同志任浙江医科大学党委委员；

免去吕世亭同志的浙江医科大学党委书记、委员职务；

免去郑树同志的浙江医科大学党委副书记、委员职

第七章

供职浙医大

奉调浙医大

1996 年 11 月 6 日，省委常委、省委组织部部长周国富同志来浙江医科大学，代表中共浙江省委、省政府宣布浙江医科大学党政班子调整的决定：任命黄书孟为党委书记，李兰娟、李鲁为副书记；任命陈昭典为校长，黄书孟、水泉祥、章锁江、来茂德、余海为副校长。

上午 8 点半，周部长召集浙医大新老班子成员，宣布了省委的决定，并作了重要讲话。周部长在讲话中，充分肯定了吕世亭书记、郑树校长党政班子的工作成绩，对新班子提出了殷切希望和要求。

下午 2 时半，学校召开全体中层干部、人大代表、政协委员、师生代表和各民主党派负责人参加的干部大会，中共浙江省委教育工委书记、省教育委员会主任陈文韶同志代表省委、省政府宣读了浙江医科大学校级班子换届的决定和干部任免通知，并对浙医大今后的建设和发展作了重要指示，对医大的班子建设和工作，提出了具体要求。

大会的一项议程，要我作一个表态性的发言。我的发言如下：

同志们：

今天上午，中共浙江省委常委、省委组织部部长周国富同志在学校新老班子中宣布了省委、省政府调整浙医大班子的决定。刚才，陈文韶书记代表省委、省政府宣布了省委、省政府调整浙医大班子的决定，把我从杭州师范学院调浙江医科大学工作。

第一，我坚决服从省委、省政府的决定；

第二，对省委、省政府的信任，我表示衷心的感谢；

第三，我将尽最大努力尽心尽力做好新的工作。

这段时间，我思想负担很重，精神压力很大。因为，从杭州师范学院到浙江医科大学，对我来说，这个转折太大太大：从市属高校到省属高校，从普通高校到重点高校，从学院到大学，从师范院校到医科院校，从以行政工作为主到以党务工作为主，这个弯转得太大了。尽管我从事过十几年的高校党委和行政工作，但一个既不懂医又不懂药的我到了著名的医科大学，能否很好地担负起这副重担，我心里不是很有底，感到难度很大。我这个历来头一碰到枕头就打呼噜的人，现在睡不好了，辗转反侧了。

10月22日，周部长代表省委、省政府找我谈话，给了我许多鼓励，最后给了我非常明确的五条指示，对我启发很大，我将把这五条指示作为今后工作的指导方针。

由于我对浙医大不了解，甚至可以说一无所知，所以，我今天只能向上级党组织、领导和同志们表示一下我的态度。

第一，深入基层，调查研究，学习了解情况。我将深入到各系、各部门和各家医院，虚心地向同志们请教，了解掌握情况，尽量做到心中有数，尽快进入角色，开展工作。对我来说，医大的一切都是新鲜的，深入调研的过程，就是一个向医大、向同志们学习的机会和过程。

第二，继承和发扬医大的优良传统和作风。咱们浙江医科大学是一所历史悠久、国内知名的高等学府，具有许多优良的传统和作风。这几年，医大发展很快，规模迅速扩大，质量不断提高，医疗水平不断提升，为社会所瞩目。这一切，是全体师生员工艰苦奋斗、开拓进取的结果，凝聚着几代医大人的汗水和心血，也凝聚着历任医大领导人的辛苦。我要继承和发扬医大人艰苦奋斗、开拓进取的革命精神，继承和发扬历任领导人强烈的事业心和责任感，虚心向老同志请教、学习，尽心尽力地做好工作，为医大的进一步发展作出自己的贡献。

第三，搞好团结，坚持民主集中制，充分发挥集体领导的作用。一个单位，班子的团结最重要，是我们取得事业胜利的生命线（内部的、外部的、上下的、左邻右舍的团结）。我的工作，就是做团结的工作，做合的工作；要讲政治，识大体，顾大局，坚决贯彻执行民主集中制。我自己一定做执行民主集中的表率、带头人，要依靠党委、行政一班人的力量，充分发挥集体领导的作用开展工作。

第四，全心全意为师生员工服务，为教学、医疗、科研服务。作为共产党员，要全心全意为人民服务；作为医大的党委书记，就要全心全意为医大的师生员工服务，为医大的教学、医疗、科研服务。讲不讲政治的根本问题是对群众的态度问题，关不关心群众生活是讲不讲政治的试金石。我十分清楚，我手中的权力是人民给的，是用来为人民服务而决不是谋求私利的工具。

同志们，我想，只要我们背靠省委、省政府——紧紧依靠省委、省政府领导的关心和支持；只要我们面向群众——紧紧依靠广大师生员工，尤其是紧紧依靠医大的中坚力量，即各系、各部门、各医院的党、政、工、团和各民主党派的领导同志们，我是有信心履行好我的班长职责的，是不会辜负省委、省政府的信任和重托的，是不会辜负全校师生员工的厚望的。

我坚信，经过大家几年的艰苦奋斗，我们医大一定能在现有的基础上有所发明，有所创造，有所前进，一个更加英姿勃发、蒸蒸日上的浙江医科大学必将展现在全省、全国人民的面前！

谢谢大家。

下午全校干部大会结束后，送走省里来的领导们，我就留了下来——从1996年11月6日起，我就成为了一名正式的浙医大人。

我这次的工作调动，在杭师院、在浙医大、在朋友圈内，还是备受关注的，有不小的影响和议论。总起来说，杭师院的同志们还是有信心的，认为我一定可以。浙医大人相对疑虑多一些：一个从杭师院来的人能行吗？一个学政治理论的人能当好医科大学的班长吗？我的朋友们也有些担心我工作难以开展。

6日上午浙医大开了大会后，我接到了无数祝贺的电话，其中一个很特别：

"喂，黄书孟吗？我是谁？"

我一听，是浙江省卫生厅张承烈厅长的电话。他是我的老领导、老朋友，我赶紧说：

"你好，张厅长，是的，我是黄书孟。"

"你是什么专业？你是什么科的？"

张厅长历来快人快语，我一听，感到言外有音，来了个脑筋急转弯：

"张厅长，我是'马列主义脑内科'的。"

"你既不懂医，又不懂药，你到医大干什么？"

"张厅长，我到医大是专门为既懂医又懂药的人服务的，当服务员。"

"口试合格，黄书记，祝贺你！多来厅里跑跑，再见。"

挂断电话后，我想了很久很多，我的心久久不能平静。我明白张厅长的告诫：黄书孟，在浙医大，你是个外行，你要虚心，你要慎言慎行，不要下车伊始，就乱发指示……张老善意的、委婉的提醒，深深地打动了我——这就是领导之爱、同志之情、朋友之谊。

其实，像我这样既不懂医又不懂药的人到医大能否挑起担子，这不仅仅是张老一个人的担忧，而是相当多人的疑虑，只是不好意思明说罢了——当时，甚至连我自己心里也不是很有底的呀。

我到医大半年以后，有一次我去邵逸夫医院，邵医的党委书记何超对我说："黄书记，你在大会上说要当好医大的班长，我当时肚子里偷偷地笑了，差点笑出声来，医大的班长这么好当吗？"我知道，他现在认可我这个班长了。同样，何超也不是一个人，他的笑是有代表性的；当然，他的认可也是很有代表性的。

光荣任务

浙江医科大学有着悠久的历史。

1912年，韩清泉先生创办了浙江医科专门学校，这是中国人自己创办的第一所高等医学院校，后发展成为浙江省立医学院。1952年，全国高校进行院系调整，浙江省立医学院和浙江大学医学院合并，成立了浙江医学院。1960年4月，中共浙江省委决定将浙江医学院更名为浙江医科大学，将浙江中医学院、浙江省中医院、浙江省中医研究所、浙江省卫生试验院、浙江医疗仪器厂等单位，均合并到浙江医科大学的管辖范围内，使学校发展成为一所以医学为主，理、工、医多学科结合，医学、药学、卫生专业协调发展的医科大学。浙医大为我国培养了大批高级医学人才，为预防控制疾病、人民保健、社会发展和经济建设作出了重要贡献。

1997年有一个全国高校综合实力排名：浙医大在全国高校中位列第71位，

中共浙江省委干部任免通知

浙干任〔1996〕125号

★

关于黄书孟等同志职务任免的通知

省委决定：

黄书孟同志任浙江医科大学党委委员、书记，免去其杭州师范学院党委副书记、委员职务；

李兰娟同志任浙江医科大学党委委员、副书记兼纪律检查委员会委员、书记；

李鲁同志任浙江医科大学党委委员、副书记；

来茂德同志任浙江医科大学党委委员；

免去吕世亭同志的浙江医科大学党委书记、委员职务；

免去郑树同志的浙江医科大学党委副书记、委员职

· 1 ·

我调任浙医大的通知（1996年）

165

校新党政班子成员（1996 年）

与陈昭典校长合影（2017 年）

而在医科大学中位列第10位。此两项，已足以说明浙医大的实力和在全国高校中的地位。

10月22日，周国富部长找我谈了近两个小时的话。27日，省委教育工委书记、省教委主任陈文韶同志和副书记吴金水同志一起又跟我谈了两个半小时。领导们详尽地向我介绍了浙医大的基本情况，新班子成员的情况，针对存在的问题和不足，结合今后的工作开展，提出了工作任务和具体要求。

其间，省委教育工委副书记李俊生同志和曾红刚、周益扬、夏建勇3位处长，省委组织部的赵克、倪桂英两位处长，都给了我许多很有指导性、建设性的意见和建议，使我对浙医大有个初步的了解，对我在浙医大顺利开展工作起到了重要作用。他们的真诚帮助，我将永远铭记心田。

综合以上领导的谈话，我反复进行梳理、领会，感到到浙医大工作的当务之急有三。

第一，切实落实党委领导下的校长负责制。高校要坚持党委的领导核心地位，保证校长依法行使职权，建立健全党委统一领导、党政分工合作、协调运行的工作机制。

第二，进一步理顺学校和附属医院的关系。学校附属医院是学校的有机组成部分，是学校的下属单位。两者是医学教育的前期与后期，是母子关系，附属医院必须在学校的全面领导下运行。

第三，尽快改善校本部教职工的福利待遇。当时，浙医大教职工的福利、奖金待遇是全省高校最低的，而且没有拉开档次，不利于调动积极性，要尽快予以解决。

这三项任务，项项重于泰山。

不辱使命

我到医大后，首要任务是调查研究、了解情况。在不到3个月的时间里，我走遍了学校的角角落落，每一个地方我都去看过。我走访了校本部的所有科室单位，哪怕只有一间房子，一个人，我也一定去察看、座谈，而不要任何单位来办公室汇报情况。6家附属医院，除了找院长、书记们谈话，每一个主要科室我都去察看，和大家交流，向大家请教。第二次和他们见面时，我们就已是朋友了。

同时，我安排时间拜访老领导，有的前后请教若干次。

老校长郑树同志，从1984年起担任医大校长，长达13年之久，又是省领导（浙江省人大常委会副主任），每次拜访，她都热心地、毫无保留地、实事求是地介绍医大的一切。几次交谈下来，我感到她老人家热情开朗、豁达大度、快人快语，具有强烈的事业心和责任感。我感觉，她是欢迎我、认可我的，因为从我进入医大的那一天她就支持我工作，大事小事都帮衬我们新班子，从未对我们新班子的工作说三道四，补台而不拆台，识大体顾大局，体现了一个老同志的高风亮节。

老书记吕世亭同志，山东人，我的老乡，老革命（15岁参加革命）。除了我主动向他老人家求教外，他还主动约我，向我介绍情况。每次约谈，他都非常耐心地、详尽地、不厌其烦地操着浓重的胶东口音，细声细气、不紧不慢地如数家珍，将他认为我应该了解的情况，尽可能地告知我，是一位忠厚长者，使我感到特别亲切。

建章立制

落实党委领导下的校长负责制，关键是建章立制。建章立制的过程，就是落实党委领导下的校长负责制的过程。通过制度来保证党委的核心领导作用，充分发挥和保障校长全面负责学校教学、科研、行政管理。

首先是组织学习、讨论，提高认识，统一思想。我们党政会议认真学习中共中央办公厅印发的《关于坚持和完善普通高等学校党委领导下的校长负责制的实施意见》的通知，学习毛泽东同志的《党委会的工作方法》等文件，提高认识，统一思想。

其次是建章立制，制度保障。学校成立工作小组，负责按中办通知精神清理、修订以前的规章制度，同时制定新的规章制度。到1996年12月中旬，学校就制订了《中共浙江医科大学委员会工作规则》、《浙江医科大学党委各部门岗位职责》和《浙江医科大学工作规则》、《浙江医科大学各部门岗位职责》两大配套文件。

这些规章制度的印发、学习和执行，既保证了校党委的核心领导作用，又确保了校长有职有权地履行职责，切实实行了党委领导下的校长负责制；党政分工合作、和谐运行。

提高待遇

关于校本部教职员工奖金和福利待遇问题的解决，最初是采取了两方面的措施。

一是整治沿街房屋出租。我在杭师院当院长的时候，经费十分紧张，"稀饭学院"嘛。1992年，我们找到一家开发商，让他来开发杭师院本部文一街的街面房。我们这个地段，是文一街、翠苑新村一带的黄金地段，人口多，商业价值高。开始，开发商要和学校六四分成，我们去找另一家，他便就范了。最后谈判的结果是：开发2000平方米，全部建设费用由开发商出，利润四六开，他拿四，学校拿六；他那40%折价，即800平方米的房子，免费使用12年，然后全部归还杭师院。这一下，我们有钱了，有人戏称"杭师院财源滚滚"！

但是，当时我们是冒了风险的。因为我们是在杭高校破墙开店的第一家，上级有关部门说我们不务正业，甚至说我们办学方向出现了偏差，要通报批评。我们一遍一遍地去求爷爷告奶奶，才没有被通报批评。第二年，许多在杭高校仿效了，法不责众，我们才舒了一口气。

浙医大地处延安路上，更是黄金地段中的黄金地段。原来已有街面房出租。我调查后发现了两方面问题：一是房租收不回，欠费严重，有的商户几年不交房租；二是租价太低。于是，经和总务处、开发公司协商提出：一是3个月内收齐全部欠费，收回有奖励，收不回处罚，并公开批评；二是制定街面房管理办法，依规管理；三是街面房全部重新签订出租协议，提高租费；四是学校四周有条件出租的房子全部出租。这几条规定一实行，半年之内，钱就进来了。这是一。

第二，和附属医院协商。附属医院内有一批人，既是医生，又是带教老师，即带在医院实习生的教学与管理，他们属于学校编制。

这部分带教老师的奖金是医院支付的，但由于属于学校教师编制，基本工资是学校发的。学校本部与各家附属医院是培养学生的前期与后期，是一个整体，医院也有培养学生的责任，否则为什么叫附属医院？经与6家附属医院领导反复沟通协商，医院同意将学校支付的带教教师的基本工资返还学校，这可不是小数目，解决了大问题。我非常感谢附属医院的领导们对校本部的大力支持。这笔费用的支持，延续到四校合并之后好几年才终止，新浙大医学院受益匪浅。

这两笔收入主要用于学校的教学和科研，部分用来提高福利和发放奖金。如此一来，校本部教职工的收入大大提高，工作积极性也随之高涨。

有一天中午，我路过我们《人口与优生》杂志社，一个女同志叫道："黄书记，过来过来。"我走过去问："你好，有事吗？"她说："黄书记，你发给我们那么多钱，我们都要喊你万岁啦。"我连忙说："不可不可！不用不用，一万年太久，百岁足矣！哈哈！"我知道，她在开玩笑，但也反映出我们的教职工也是很容易满足的，要求并不高，对学校心存感激。

附属医院

浙医大的附属医院，除邵逸夫医院和口腔医院建院较迟外，另外四家都具有悠久的历史，其中的附属二院可追溯到1869年英国圣公会创建的杭州广济医院，距今已有150多年的历史，附属一院、附属妇产科医院、附属儿童医院，都是在解放初期建立的。

1996年底我到医大时，附属医院班子已多年没有调整，有3家医院的书记、院长已逾龄。我们经过一年的调查研究，对6家附属医院的领导班子进行了全面调整，老同志退下来，一大批年轻干部（77级、78级毕业生居多）走上领导岗位，附属医院面貌焕然一新，生气昂然，为附院的快速发展提供了组织保障。

附院的班子调整，得到了附院老同志的充分理解和大力支持。举个例子：当时，吴金民同志是浙二医院院长兼邵逸夫医院中方院长，人称"两院院长"，身上担子极重。时值邵逸夫医院美方向我方移交，改由我方选任院长。考虑到邵逸夫医院的特殊性且处于一个关键转折期，我们拟请吴金民同志脱掉浙二的担子，专任邵逸夫医院院长——吴金民同志是最佳人选，非他莫属。考虑到吴金民同志长期在浙二工作，并长期担任院长，怕他在感情上割舍不了，我是备足了功课，硬着头皮去征求他老人家意见的。结果我话还未讲完，他已听出了究竟，倒是他快人快语："黄书记，你不要绕弯子了，我听党委的，我去邵逸夫医院。"真是一位顾大体、识大局的老同志、老大哥，令我钦佩不已。我们两人是相见恨晚、一见如故的老朋友。

正是由于这样一批德高望重、不计个人得失的老院长、老书记的理解和支持，如浙一医院院长王竞同志，妇产科医院院长石一复同志，儿童医院院长康曼丽同志，才使6家附属医院党政班子的调整，在1997年底前顺利完成，实现平稳过渡。

对附属医院做的第二项工作，就是协商将带教老师的工资返还学校一事。对于这件事，省主管部门是不支持的，我们打了一个擦边球，附属医院均表示理解并接受了学校的意见，这是后期对前期的极大支持，学校和附院的关系更加紧密了，大大增强了一体化的观念。

一把大火

1996年6月，教育部组织的"211工程"专家评审组来浙医大指导申报工作，并将对浙医大的"211工程"评审初步安排在1997年1月份。而要进行"211工程"评审，有一个前提条件，就是必须先通过校园精神文明建设的评估，获得"文明校园"称号。

我 1996 年 11 月到医大时，我们医大还没有通过校园精神文明建设评估。此时，离"211 工程"评审只有 50 天左右的时间，因此创建文明校园成了我们当时最紧迫的任务。

中国有句古话，叫"新官上任三把火"。我对这句话是这样理解的：一个单位和单位的人员，总是希望新领导来了之后，能有新的思路和举措，开拓新的局面，有所创造，做一些开创性的工作，能出现新的面貌，也就是说，对新领导寄有希望和企盼——我认为，这是很正常的，否则为什么要调班子、要派遣新领导？而一个新班子、新的领导，上级委以重任，给以重托，接受新任务，到了新单位，也总想干出新成绩，开拓新局面，以不辜负领导的信任，也不辜负本单位员工的期望。但是，这三把火却不是可以随意放的。新到一个地方，一定要调查研究，要了解单位的实际情况，没有调查就没有发言权——不能乱放火，不能瞎开炮。

当时我想，迎接省里的校园精神文明建设评估，这是一个极好的机会，应把它作为我们新班子开展工作的一个突破口。我把我的想法和陈校长交流，我们两人取得了一致意见：陈校长主抓迎接"211 工程"评审，我主抓校园精神文明建设，兵分两路，同时开战，协同作战。

当时，根据我对医大校园的反复察看，我感到当时要达到文明校园的水平难度是很大的，几乎不可能。在杭师院，我还出了本书叫《校园文化》，对于校园文化建设我还是有点了解的。我认为医大相对欠缺：一方面，学校处于繁华的闹市，面积比较小，只有 100 亩地，方方面面弄得都很紧张，显得拥挤不堪；另一方面，这是一所老校，除了一幢 19 楼的高层建筑是 1991 年新建的外，其余都是几十年的老建筑，应该说房子很破旧，设施也都很陈旧，绿化面积少。而"211 工程"的评审就那么一次，学科力量再强，文明校园没达标，就不予评审"211 工程"项目，那我们浙江医科大学就失去了进入"211 工程"的机会。所以这是一场硬仗，非打不可的硬仗，而且是一场必须全胜的硬仗。

形势紧迫！1996 年 12 月 1 日，学校党委会做出了三条决定。第一条，文明校园建设实行党委负责制，书记、各级党委书记负责制。专门成立校园精神文明建设领导小组，我担任组长，陈校长担任副组长，这就解决了组织领导问题。第二条，思想领先。组织全校师生员工学习有关校园文明建设的文件，明确创建文明校园的目的、意义和具体的规定、标准，提高认识，统一思想。第三条，全员参与。全校党政配合，齐心协力，发动每一个部门、每一个师生员工，全员参与，人人皆知。创建期间，双休日全部取消，元旦假日取消，全部上班、上岗。

当时的省教育工委宣传处处长丁东澜是我的朋友，校园文明正好是宣传处在抓。我便想动员他帮忙做点工作，借用外来力促进我们的校园文明建设。于是，我打电话给丁处长："东澜同志，你来，你帮助我做工作，我帮助你做工作。你帮我做好了，我感谢你。另外，我工作做好了，你脸上也有光。"

1996年12月2日下午，丁东澜处长来了。我带他到校园里面，角角落落，都让他看。越差的地方，越让他看。最后，我问他："丁处长，怎么样？"他说："你要什么样的回答？"我说："很简单，实话实说，你的感觉是什么就说什么。"他说："黄书记呀，除非出现奇迹。"他的意思是，按照现状看，你这些条件差得太远了，除非出现奇迹，没有奇迹发生你是通不过评审的。我说："好，我要的就是这句话。这样，我现在就发通知，晚上，我们召开全校中层干部大会，请你给我们讲话，做动员。"他一开始不肯讲，说："我不能讲，我是教委的，我到这里跟你们这样讲，是给你们泼冷水。"我说："你到会上就实话实说，什么样的感觉，什么样的要求，你就直说。总的来说，就说两方面。一个，你就说建设文明校园的目的、意义、要求是什么。第二，你就说医大跟文明校园的差距在哪里。就讲这两条，不为难你。"他说："好的，好的！"

当天晚上召开会议，我主持，他就按照我们的约定讲了这两条，特别讲了校园精神文明建设评审通过是"211工程"评审的前置条件。讲完后，大家分组讨论，所有人都感觉到自己身上的担子很重：假如文明校园评审通过了，评审"211工程"的前提就解决了；评审通不过，我们就是历史的罪人，是没有办法向医大的师生员工交代的。大家摩拳擦掌，斗志昂扬，这股劲给鼓了起来。大家都认识到这是一场硬仗，是一场死仗，必须要打，而且必须要打胜，要完胜。要不要打，没有选择余地；打到什么程度，也没有选择余地，必须要达到文明校园的建设目标。实际上，这天晚上就是我们的动员大会了。

第二天，学校各个部门、6家附属医院分别召开动员会，第一把火就这样烧了起来，创建文明校园的战斗就打响了。这是我们的突破口，是我们新的浙江医科大学党政班子上台后打的第一仗。当时我们强调，就是要改造环境，改造校园的环境，创造良好的育人环境，让环境反过来影响人，改造人。人和环境是互相影响、互相改造的，这也是一方水土养一方人。通过校园文明建设，我们最终的目的就是锻炼队伍、凝神聚气，提高全校师生创建一流医科大学的精气神，通过这项活动把大家的精气神提起来，积极性调动起来。最后凝的神、聚的气到哪里去？就是进入"211工程"，进入国家重点高校建设行列，就是创建全国一流医科大学。

我们19层的大楼，在西湖边上用了那么多年，灰尘很多，蒙灰了，灰不溜秋的。雨后，墙面上的灰都是一条一条的，水流得多一点的地方就是白的，没有流到的地方就是灰的黑的。我们首先花十五万把这个楼从上到下彻底进行了清洗。这栋楼是西湖边最高的建筑，1991年启用的，你站在断桥，在白堤，在西湖对面，第一眼看到的便是我们医大这栋楼，是西湖边的标志性建筑。可惜原浙医大地块整体出让，2007年7月6日被爆破了。当天早上7点钟爆破，我跟我爱人6点钟就拿着照相机去了。大楼对面是一个饭店，人家前一天晚上房间都包下来准备拍照片，里面是进不去的。靠得太近了有危险，我是在马路上拍的照片。一般的爆破，底座炸了以后就全部都瘫倒了下来，但没想到我们这座大楼低层爆破后，直挺挺地躺到地上，还是很完整很坚固，当时用的钢筋是最多最好的。19层大楼就这样躺在地上，最后再把它切割，再爆破。当时，我眼泪"哗哗"地流。

除了在职的以外，我们把离退休的同志全部动员起来，组成一个督察队，

174

每个离退休同志发个红袖章白手套，作为校园精神文明建设监督员。那批退下来的教师也好、干部也好，都很高兴，一天到晚在校园里转，到处监察，看到什么问题就报到我办公室，查到什么问题就报告我。我们经常收到他们的意见和建议。他们的督察对我们文明校园的建设起了很好的促进作用。因为他们都是德高望重、受人尊敬的老同志，师生员工都很听他们的话。我们妇产科医院80多岁的老院长厉矞华（曾任浙江省人大常委会副主任）也到学校里来检查，在大楼旁边发现两根香烟头，就捡起来，用纸头包起来，叫人送到我这边来，传话说："医大是无烟学校，怎么会有香烟头？"还有一个搞微波的姜槐教授，她的仪器设备坏了，有两个工人一边修一边在那儿抽烟。她说："我们学校是无烟学校，不能抽烟的，你们怎么好在这抽烟？"工人说："你去管管你们黄书记，你们黄书记也抽烟。"然后她给我写了一封信，信中说："黄书记，人家说你也抽烟，你要带头戒烟。"

我们当时的总务处长任满根，是部队转业的团职老同志，工作能力很强，积极性很高，他累得心脏病发作，住进了医院。我一听说他心脏病发作住院马上就去看望他，我想调节气氛跟他开玩笑，就说："我们都在搞文明校园，你躺倒不干了？"他爱人站在旁边——当时我们互不认识。她说："你这个人怎么这么说话的？"任满根马上跟他老婆讲，这是我们谁谁谁，他喜欢跟我们开玩笑的。她说："哦，我错怪你啦！"

我们的食堂很破旧，像工棚一样，需要彻底整治。学生要在里面吃饭，周围的环境很重要。食堂经理王建涛白天黑夜地干，结果累得胃穿孔住院开刀。我们的师生员工都是很尽心尽力的，都非常认真负责。他们那么认真，反过来对我们也是一种鼓励啊！

学校有个解剖室，里边放的都是尸体，那地方又脏又乱又差，福尔马林、泡尸体的药水都流出来在地上结成块，走路进去都要穿套鞋的。那味道太难闻了，人们都不愿意去。我看了一下，这个地方是全校卫生环境最差的，我来负责，从头到尾就跟他们一起搞，最后搞得最好。

校园文明建设检查评估总结会（1997年）

在将近一个月的时间里，我们全校师生员工放弃了休息时间，按照文明校园的标准进行了全方位的创建工作，应该说战果辉煌。全校所有的教室、办公室、实验室，角角落落，都被彻底打扫、清洁。破旧的办公用具、报废的仪器设备、桌椅板凳，都被清理出来。整理出来的垃圾堆在我们的停车场，计900余吨，最后装了180多辆卡车，集中拉走了。

1997年1月，省教育工委来进行检查验收，全票通过，优秀！

这是我们新班子打的第一仗，可以说旗开得胜，对提升大家的信心起了很大的作用。校园精神文明建设验收的时候，丁东澜处长来了。验收结束后，他紧紧握着我的手："奇迹！奇迹！黄书记，谢谢你！"

实际上，一部分人刚开始是有抵触情绪的，但是后来办公室该清理的清理，该整修的整修，规章制度建立起来，整个校园焕然一新，环境好了，大家心情愉悦了，坐在办公室的感觉都不一样了。师生员工的文明行为大大增加，精神面貌也为之一振，大家都感到神清气爽、心旷神怡，非常满意。

这是我们新班子放的第一把火，一把大火。这把大火，波及了全校每一个师生员工——大火过后，显现的是聚气凝神、真金白银！

总的来说，校园精神文明建设是一场硬仗，这一仗打得漂亮，取得完胜，学校的面貌变了，新班子的形象立起来了，全校师生员工的积极性调动起来了，拧成一股绳，劲往一处使，共创一流医大。

"211 工程"评审

"211 工程"，即面向 21 世纪，全国重点建设 100 所左右的高等学校和一批重点学科的建设工程。该工程于 1995 年 11 月经国务院批准正式启动。

当时，学校另外一项重要工作就是迎接"211 工程"评审，这项工作由陈校长主持。

我前面已经讲过，1996 年上半年，浙江省属高校还没有一所"211 工程"学校，所以省委、省政府决定，拿杭大、医大、农大三所学校，向国家教委申报，进入"211 工程"。国家教委和省政府商定，1997 年 2、3 月对医大进行评审，而且在 1996 年 6 月已进行了预评审。这个时候，杭州大学已经评审好了，通过了。医大和农大正在评审的过程当中。1996 年 12 月 16 日，当时的中共浙江省教育工委书记、省教委主任陈文韶同志打电话给我，说是他在花港饭店开会，叫我和陈校长去一下，有事情跟我们谈。见面后，陈书记对我们说，现在情况有变化，对医大和农大的"211 工程"评审不再叫"211"，不挂这块牌子，不用这个名称，改为对重点学科建设项目的规划审定和立项评审，就是对重点学科建设项目的评审了。陈书记当时告诉我们两条：一条就是，杭大已经通过了，现在农大和医大一样，改为对重点学科的评审，都不用"211"的称呼；第二点，经费投入不变，不管评审名目，省政府的经费投入是不变的，你们还是要努力做好工作，评好了通过了，省里的经费就给你们，通不过那就对不起了。

陈书记没有明确告诉我们从"211"变成重点学科评审是什么原因，但我们心里十分明白，这件事情跟四校合并有关系。那时，四校合并的锣鼓越敲越紧，将来杭大、农大、医大、浙大四校合并，将成为一个学校，所以现在不可能再给另外三所学校单独评审"211"；"211"的名额是有限的，全国就100所，假如你这样评审好了后再合并，那就等于浪费了3个名额。

听了文韶书记的话，我从头凉到脚！我想陈校长感觉和我差不多。原本我俩商定，兵分两路，我主抓校园文明建设，陈校长重点抓"211"评审。陈校长辛辛苦苦抓了一年的迎接"211工程"评审工作，所有工作均已就绪，只欠最后东风一吹花满枝了，现在却改名换姓，且少了国家教委的一块投入——心能不凉吗？

1997年1月14日到16日，省委刘枫副书记，还有鲁松庭、徐志纯两位副省长，率领一个全国性的专家组（专家组成员大部分都是院士），如期对医大的重点学科建设进行了3天的评审。当时的浙大校长潘云鹤是这个评审小组的副组长。国家教委、卫生部，都派了司长一级的干部来参加我们的评审会。

评审组专家经过3天紧张有序、认真严格的评审，顺利通过了对我校重点学科建设项目规划的审定。

宏伟蓝图

新班子上岗后，在抓建章立制、迎接"211"评审、梳理各种关系、调整校本部机关处室及附属医院班子、狠抓校园精神文明建设和大幅度提高教职工福利的同时，我们还在为召开学校第七次党员代表大会做准备工作。

经过近半年的筹备，中共浙江医科大学第七次代表大会于1997年6月13日至14日召开。

13日下午，229名来自校本部和附属医院的代表满怀信心、兴高采烈地来到会场，代表全校2200多名党员出席代表大会。

省委常委、省委组织部部长周国富，省委教育工委书记、省教委主任陈文韶参加会议并分别作了重要讲话。我代表六届党委作了题为《加强党的领导，

校第七次党员代表大会代表合影 （1997 年 6 月）

在代表大会上作党委工作报告 （1997 年 6 月）

为争创国内一流的社会主义医科大学而努力奋斗》的工作报告。

这次党代会最重要的成果，是制订了学校发展的总体建设目标，绘就了浙医大争创全国一流医科大学的蓝图：面向 21 世纪，以建设有中国特色社会主义理论为指导，以培养高层次医药卫生人才为中心，以学科建设及发展为重点，以上水平、求效益为标志，努力把浙江医科大学建设成为一所以医为主，理工人文社会多学科交叉结合，治学严谨、基础扎实、崇尚医德，在教育质量、办学效益、医疗水平、科技实力和科学管理上，居国内和亚洲一流水平，并在国际上有一定影响的医科大学。

与会代表一致认为，这个目标是切实可行的，我们有能力、有信心在 2012 年时（建校 100 周年）将这张蓝图变为现实！

大会最后选举产生了浙医大第七届党委会和纪律检查委员会。我很荣幸地当选为党委书记，李兰娟、李鲁为副书记。

方式方法

在采访中，同学们几次问我工作的方式方法，我都未讲，这里讲一下。

我的工作方法很简单，就是把复杂问题简单化：化繁就简，切块布线，分工合作，解放自己。

如我在杭州师院当院长时，院长、副院长分工如下。

于秀源副院长：负责教学、科研线，分管教务处、科研处、成教处、图书馆、外事处、监察室、审计处、学生处等。

顾德炜副院长：负责后勤、基建线，分管后勤处、基建处、财务处、科技开发办等。

院长（我）：主持学校全面行政工作，协调副院长工作，分管院长办公室、人事处。

当时，杭师院有 21 个处室，19 个处室分给两位副院长，我就分管 2 个部门。我有事，只找副院长，从不直接找部门领导说一般工作上的事。除了我分管的

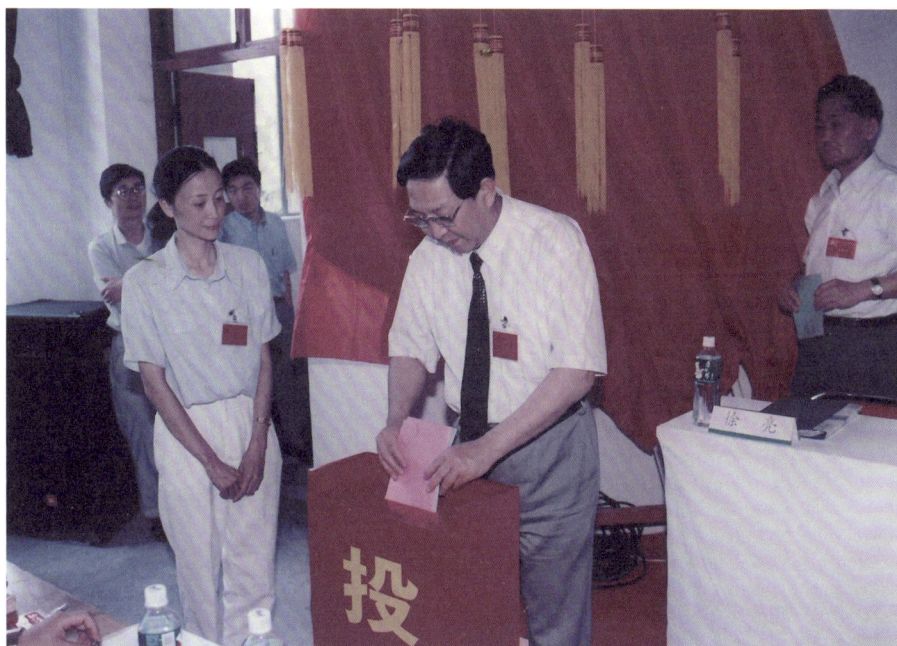
代表大会投票选举 （1997 年 6 月）

第七届校党委全体成员 （1997 年 6 月）

迎接时任省委书记考察湖滨校区（1999 年）

与院士夫妇（左郑树森院士，右李兰娟院士）合影

在 97 届研究生毕业典礼上（1997 年）

被选为杭州市第九届人民代表大会代表（1997 年）

两个部门的领导有事可以随时找我谈外，其他所有部门的领导，凡是工作上的事，一律不要找我谈，全部去找他们的分管领导汇报。但是，有4种情况例外，你可以随时来找我：一是你个人、家庭碰到什么困难或遇到什么事需要我帮助；二是你对你的分管领导有什么意见要向我反映；三是你对我个人和学校工作有什么意见和建议要谈；四是遇到突发事件、特殊情况。

全部工作一分到底，每个副院长都十分明了自己的工作，做到有职、有权、有责任、有压力，年初有布置，年中有检查，年底算总账。

分工之后，我对副院长们就两句话：第一句话，做出了成绩是你的（我自从当了院领导后，不参加任何先进荣誉的评比，一项都不要）；第二句话，出了问题是我的——只要你不装错口袋上错床，所有责任我担当。

又如我在浙医大担任党委书记时，我和两位副书记的分工也参照了杭师院的做法。

李兰娟副书记：负责纪检、统战、老干部、安全保卫工作，分管纪委、统战部、离退休处、保卫处。

李鲁副书记：负责学生工作，分管学工部、团委、人武部、研究生会、学生会。

我自己主持党委日常工作，分管党委办公室、组织部，就是党委工作的运转和干部工作，其余工作都分给副书记去管。

这样，一是每个分管领导非常明确自己承担的工作范围；二是每个人都有职、有权、有责，压力大责任重，一心扑在工作上；三是解放了我自己，我可以有更多时间四处走走，各处跑跑，随时可以去教室听课，去部门转转，找人谈话了解情况。这样，我就能掌握学校各方面的情况，做到心中有数，有发言权；更重要的是，把自己从繁琐的事务性工作中解放出来，我可以花更多时间和精力来谋划学校全局性的工作。

浙医大新党政班子中，校长陈昭典，副校长水泉祥、章锁江、来茂德、余海，副书记李兰娟、李鲁，还有两位党委委员，是一个老中青结合、男女搭配、优势互补的班子。他们性格迥异、各具特色；除了都是各自领域内的专家、学者、教授外，其共同点是责任心强、事业心重，一心为公不谋私；各司其职，团结一致，共谋学校发展大计。

我当过校长，深知校长需要一个什么样的党委，需要一个什么样的党委书记，以往无法诉说的经历让我感受太深刻了。我的主要搭档陈昭典校长，是泌尿外科大专家（我戏称他是个下水道管道工），性格耿直，是一个十分顶真的人；又是台盟浙江省主委、省政协副主席，身居高位，但他十分谦和，极易合作；人也很幽默，经常用他那很不标准的普通话和人开玩笑——老是人家还没笑，他自己先笑了。我和昭典校长，大事讲原则，小事讲风格，同志加兄弟，共事三年，蜜月天天——哥俩好！

毛主席说过，领导的责任就是六个字：出主意，用干部。

我认为，中央高层领导的责任是这样，基层单位主要领导人的责任也是这样：第一，出主意——主意要出得准，出得正；第二，用德才兼备德为先的标准选好用好干部，因为"政治路线确定以后，干部就是决定的因素"。干部干部，就是干事的部门和干事的人，否则要设立那么多部门和配备那么多干部干什么？作为单位的主要领导，大可不必事必躬亲，放心大胆地让干部们去干就是，你只要加强督促检查，抓落实就行。

因此，在浙医大，我这个班长当得还是很轻松的，没有什么大的烦心事，也没有碰到解决不了的问题。我自己感觉，我是兑现了我在就职典礼上"要当好班长"的承诺的。浙医大这3年，是我一生工作中最愉悦、最顺心、最值得怀念的3年，也是心想事成的3年。因此，我十分感谢浙医大班子里各位同事和全校师生员工对我的支持。也特别感谢在学校最困难的时候支持了学校的6家附属医院的同志们。

第八章

加盟新浙大

合并节点

1952 年，国家对全国高等院校进行调整。经过调整，浙江大学由一所包括文、理、工、农、医、法、师范七大学院、学科门类比较齐全的综合性大学转型为一所多科性工科大学。

1996 年 3 月，第八届全国人大第四次会议在北京举行。期间，浙江农业大学校长朱祖祥和浙江大学副校长王启东两位代表，在浙江代表团讨论会上提出浙江大学、杭州大学、浙江农业大学、浙江医科大学四校合并的建议。当时，参加浙江代表团讨论、分管教育的李岚清副总理认为这是一个很好的建议，并指示国家教委主任朱开轩跟进落实。

1997 年 3 月 2 日，苏步青、贝时璋、王淦昌、谈家桢 4 位老浙大元老，给江泽民总书记写信，希望在十五大之前实行四校合并。江泽民把信批给了李岚清副总理。

1998 年 3 月 23 日，国务院批复了浙江省人民政府和教育部关于四校合并组建新的浙江大学的请示报告，合并工作进入筹备阶段，成立了四校合并领导小组和新的浙江大学筹建小组。筹建小组由张浚生任组长，潘云鹤任副组长，四校党委书记、校长任筹建小组成员。

4 月 30 日上午 9 点，在省府大楼省委常委会议室召开新的浙江大学筹建小组会议，教育部部长陈至立、省委副书记刘枫等领导及四校书记、校长参加了会议。

当天下午 2 点，教育部和浙江省委、省政府在省府大楼一楼联合召开"新

主持新浙大湖滨校区挂牌仪式（1998 年 9 月 15 日）

浙江大学筹建大会"，四校师生代表参加了大会，会上宣读了 3 个文件。这次会议之后，四校合并进入实质性运作阶段。

5 月 6 日下午，我们新浙江大学筹建小组召开了第一次全体会议，制订了小组工作计划，讨论了筹建小组组织架构和小组领导的分工，明确 5 个组室的工作职责以及在工作中要注意的问题。

从 4 月 30 日宣布成立筹建工作小组，到 5 月 6 日召开筹建小组第一次会议，筹建小组在 4 个多月的时间里，共召开了 20 次会议，为新浙大的成立付出了辛勤的劳动，为 9 月 15 日新浙江大学正式挂牌作了充分的卓有成效的准备。

8 月 12 日，我们筹建小组成员应李岚清副总理之召，去北戴河向中央汇报筹备工作。李岚清对筹备工作表示了肯定和赞赏。

8 月底，教育部正式下发《关于浙江大学、杭州大学、浙江农业大学、浙

190

江医科大学合并组建新的浙江大学的决定》，内容主要有：一、同意浙江大学、杭州大学、浙江农业大学、浙江医科大学合并组建新的浙江大学，校名为"浙江大学"。实行一个法人、一个领导班子、一个建制，并相应撤销原有四校的独立建制。二、新的浙江大学为教育部直属高校，教育部和浙江省共建共管，重大事项以教育部为主、商浙江后决定，日常工作以浙江省为主。三、同意原属四校的在编人员、资产全部划归新的浙江大学统筹管理，教育部和浙江省的投资渠道不变等共7个方面内容。

9月14日下午，李岚清副总理和中央有关领导在杭州西湖国宾馆接见新浙江大学党政领导班子成员，浙江省委、省政府领导均参加接见。

会上，教育部陈至立部长宣布了新浙江大学领导班子成员名单。

会后，李岚清副总理接见了与会人员，并与大家合影留念。

9月15日上午，新浙江大学成立大会在浙江大学玉泉校区召开。

全国人大、全国政协、中央有关部委和浙江省及杭州市领导、兄弟院校的领导和学校两千多名师生员工参加了新浙江大学的成立大会。

李岚清副总理在大会上作了重要讲话。他说："新浙江大学的成立，不但是浙江大学历史上的一个新里程碑，而且也是新中国高等教育历史上的重要一页。四校合并组建新浙江大学是高等教育管理体制改革的一项重大举措，意义重大，影响深远。"

下午，在原来的四个学校举行了新浙大校区校牌的揭牌仪式，本人主持了"湖滨校区"的揭牌仪式。

至此，新浙江大学正式宣告成立。

重返母校

浙江大学、杭州大学、浙江农业大学、浙江医科大学合并组建成一所新浙江大学，真是一石激起千层浪。不仅在四校内部，在杭州，在浙江，在全国，甚至在全世界都激起了很大的反响。

新浙江大学成立大会（1998 年 9 月 15 日）

对于四校合并，在社会上，就我个人所接触的人中，有极力赞成、大加欣赏的，有坚决反对甚至骂娘的，有观望的，也有担心的；在四所学校内部，每个学校的干部、教师、学生的反响也是不同的；就是在同一所学校内部反响也不一致：有坚决拥护极力赞成的，也有担心自己被稀释、含金量下降、身份降低、就业难度增加等从而不主张合并的。

至于我个人：杭大是我的本科母校，浙大是我的研究生母校，浙医大是我的工作单位，所以，我没有任何思想感情上的障碍——合并的4所学校中，3所是我的母校，在新浙大的一万余名教职工中，我可能是唯一的一个。

由于这种种感情因素，四校合并后，我的工作从党务完全转为行政，由党委正职转为行政副职，我没有太多想法，而是坦然接受——能为新浙江大学的建设和发展贡献自己的绵薄之力，我感到无比的骄傲和自豪。

四校合并后，潘校长给我的工作是：负责学校日常行政工作和协调副校长的工作，分管校长办公室、发展规划处、图书馆、档案馆、校网中心、校友会、基金会、驻京办、政研室、对外发展联络办、接待办和6家附属医院（浙一、浙二、邵逸夫、妇产科、儿童、口腔医院）等。

潘校长对我高度信任、高度放手，我则恪尽职守、高度负责，以对得起潘校长的信任。再说，合并前，四校共有38位校级领导（社会上有"浙大校级领导一教室、处级干部一礼堂、科级干部一操场"之说），只有12位进入新浙大班子，组织上对我是信任的。重返阔别17年的母校，我的心情是愉悦的——在新浙大的岗位上历时8个年头，是始料不及的，心情同样是愉悦的——在母校争创世界一流大学的征途上，能为母校效犬马之劳，是应该的，是我的光荣、幸运和骄傲，我感谢组织给了我这个千载难逢的机会。

我1978年10月考入浙江大学读了3年研究生，1981年毕业，经杭州师范学院、浙江医科大学，做梦也没有想到阔别母校17年后又回来了，简直就像在梦中一样，这是天意。我愉快地接受这一切。

我是从农村、农民家庭走出来的，大学毕业后又在农村中学教了十几年的书，

与张浚生书记在澳门（2010 年）

与潘云鹤校长在一起（2002 年）

与校长办公室主任们在一起：左一徐芝兰，左二陆国光，左三王立人，左四本人，
左五任少波（现任校党委书记），左六张美凤

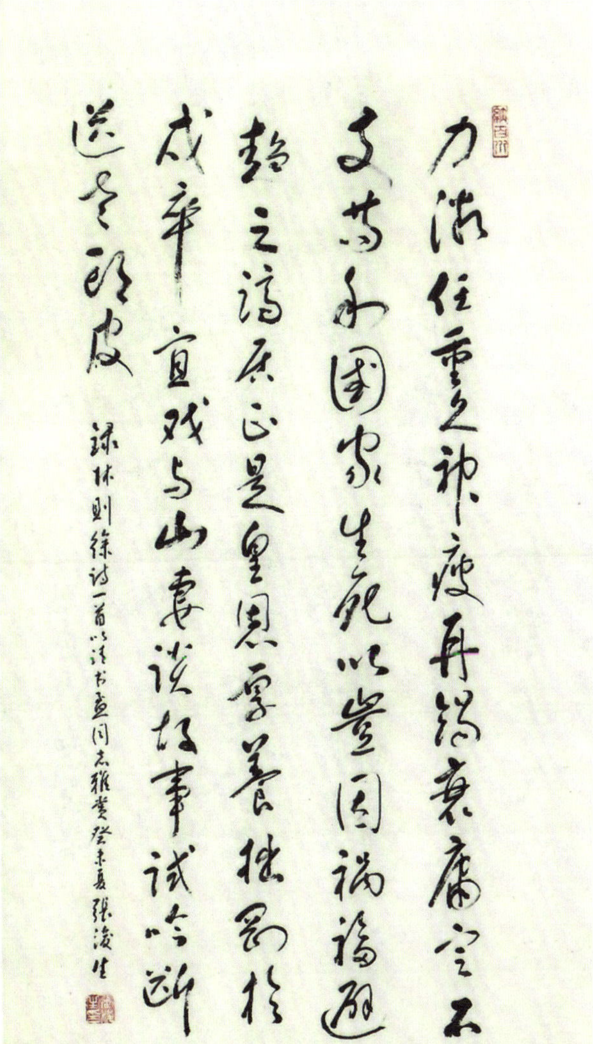

力沛任重之期瘦舟碎裹瘠空石
又为水围家生危以堂圆祸福迎
韶之祸犹是皇恩善抹罚挽
戌辛宜戏与山妻谈故事试呤断
送冬听皮

珠林则绿诗一首以诗书画同志雅赏
癸未夏 张浚生

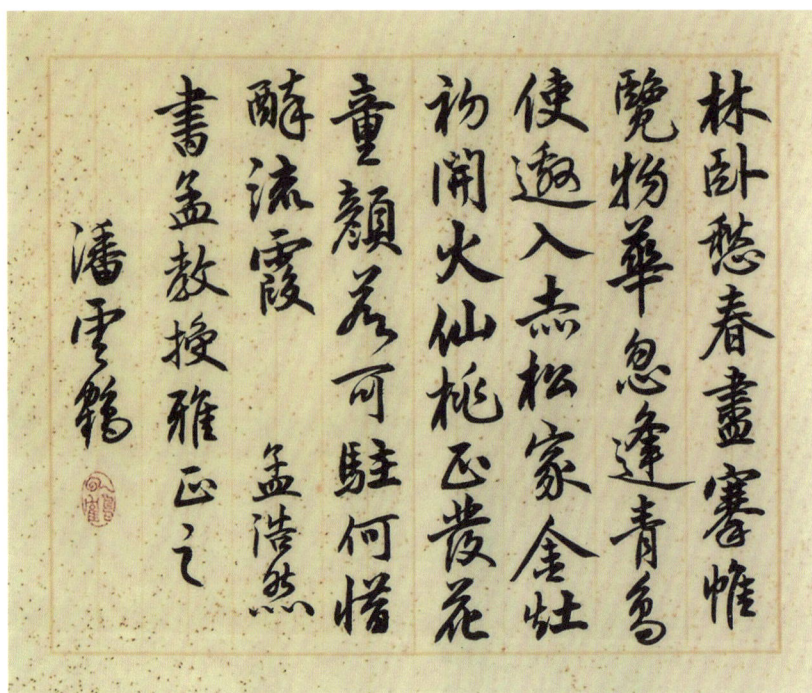

潘云鹤校长所赠书法

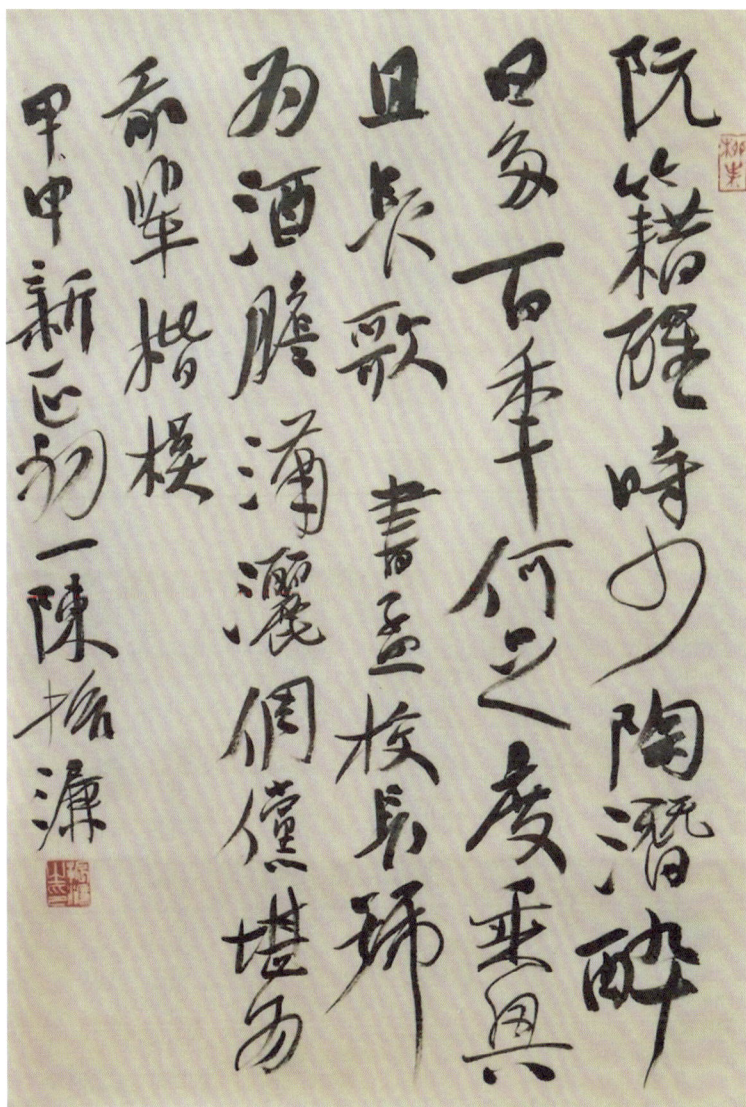

阮籍醒时少 陶潜醉日多 百年何足度 乘兴且长歌 书孟校长师为酒脆洒酒洒侗偿堪多 乔华楷模 甲申新正初一陈振濂

陈振濂（中国书法家协会原副会长、浙大教授）所赠书法

浙大玉泉校区留影（2005 年）

所以我不怕苦、不怕累、不怕烦，什么样的人我都结交，什么样的人我都能相处，什么样的活都能干。所以，潘校长让我负责处理学校的日常行政工作，倒是正符合我的性格和脾气。

到了新浙大后，上有书记、校长统揽学校大局，我兢兢业业完成自己分管工作，没有给书记、校长添乱，我们也是大树底下好乘凉。

新浙大行政8年，转瞬即过。呕心沥血，殚精竭虑；艰辛备尝，百味杂陈；心无遗憾，荣幸之至。

愚人愚见

四校合并前夕，1998年初，国家计委一位副主任来杭州。他到后，给我打了一个电话："大哥哥，我是阿胖，我现在住在大华，晚上有时间陪我吃晚饭吗？"我赶紧回答："有空，好的好的，晚上陪你吃饭。"

他是我的小邻居、小朋友：1955年，北山街84号造好7幢小洋房后，我们差不多同时搬进去，我住二号楼，他们家住三号楼，我们两栋房子相距最近，可以在窗户口喊话。三号楼住两户人家：楼上他家（其父时仕省委组织部部长，后任浙江省委副书记），楼下住刘显辉一家（刘时任省委组织部副部长，山东莱芜人，我们是同乡）。刘显辉部长的儿子刘新学，长我一两岁，我们是好朋友，我经常去刘家玩，所以从那时就和阿胖一家相熟，周日我们经常在84号的山上打游击战、玩打仗抓俘虏。

那时的他，是个小胖墩，有点笨拙，我们都叫他阿胖，而不叫大名。他为人很直爽、大度，经常把家里的零食拿来与我们分享。我因大他五六岁，他们那批孩子都叫我大哥哥，从未改口。

晚饭后我们回到阿胖房间。我知道他是为四校合并而来，便要向他反映这方面的情况。我说："阿胖，我有一个联合办学的想法，你听听怎么样？"他说："大哥哥，四校合并是总理工程，我是跑腿的，你跟我说没有用。"但我坚持要说，他只好说："那你说吧！"

我说：浙大、杭大已通过'211'评审，我们医大和农大还在评审过程中，我们两家通过评审后浙江就有四所'211'大学。我有一个想法，能否以浙大为龙头，联合浙工大、杭州电子工学院、浙江理工学院、中国计量学院等联合办学；以杭州大学为龙头，联合浙江财经学院、浙江传媒、中国美院、杭师院等办学；以农大为龙头，联合浙江林学院、浙江农科院办学；以浙医大为龙头，联合浙江中医学院、杭州医高专、浙江医学科学院等办学，这样浙江不就有四所'211'大学了吗？联合办学的学校，学生可以跨校听课，学分互认；教师可以互聘，跨校授课；联合申报课题，合作科研；图书信息资源共享……"

"大哥哥，我今天叫你来，不是来征求你意见的，你太天真了，太忧国忧民了。我这次来，是为四校合并而来的，四校合并是中央的事、国务院的事，不是你和我之间的事。你现在可以做的是编制项目计划，向我要钱。我是管大项目的，我有的是钱，但要师出有名，也不能随便给你们钱。你在这方面多动动脑子，这是个机会，不要去想那些没有用的乱七八糟的联合了。大哥哥你向来是个聪明人，今天怎么这么黏糊？"

他又一次打断了我的话，说我迂腐、顽固，我们俩就谈不下去了。

之后，我们仍然保持联系。四校合并后，我和校办副主任张美凤还专门跑到北京他家中，要求增加合并经费。

寿星脑袋

2002年，是浙大建校105周年，学校把4月定为纪念月，举行系列活动。其中，有一项重要活动是"校友座谈会"，并邀请时任中共浙江省委书记张德江同志出席，张书记慨然应允。

座谈会于2002年4月3日上午10时在玉泉校区邵逸夫科学馆举行，我主持了这次座谈会。我的开场白是这样的：

张书记，各位校友，各位领导：

今年是浙江大学建校 105 周年，学校决定，4 月份为校庆月。

今年的校庆月活动，以"爱校荣校"为主题，本着隆重、简朴的原则，开展形式多样的学校庆祝活动。

诸多活动中的重要一项，就是我们现在即将举行的"校友座谈会"：请校友们就入世后浙江大学和浙江省面对国际竞争，探讨如何加快高素质人才培养和引进，如何加快高新科技成果的开发、应用和转化，如何提高我省经济、科技和人才的国际竞争力，以加快浙大向世界一流大学迈进、促进浙江省经济和社会发展，为浙江省提前基本实现现代化建言献策。

这次被邀请的校友，都是国内外浙大校友会推荐的优秀校友。德江书记去年访美时，曾会见过参加今天座谈会的黄德欢教授、乔建民教授，他们和德江书记已经是老朋友了。

各位校友，说到省委德江书记，我还要说几句话：我们新浙江大学是 1998 年 9 月 15 日正式成立的，德江书记是在新浙江大学成立的第二天即 1998 年 9 月 16 日正式上任的——我们浙大和德江书记是有缘的。同时，我们浙大也是非常幸运的：德江书记从 1998 年 9 月 16 日上任到今天 2002 年 4 月 3 日，我算了一下，共是 3 年 6 个月零 16 天——在 3 年 6 个月零 16 天的时间里，日理万机的德江书记，连同今天，一共来浙大指导、检查工作 14 次——浙江大学虽然是教育部直属学校，是国家重点大学，但在浙江，它就是一个基层单位，浙大党委也就是一个基层党组织，在三年半的时间里，一个省委书记来一个基层单位检查指导工作 14 次之多，我想，我不用再说更多的话，就这样一个数字，就足以说明德江书记对我们浙江大学是多么关心、关注和厚爱了！借用德江书记的话说，浙江大学是他的"宝贝疙瘩"！

这里有一个小插曲。当我说到张德江书记三年半来浙大检查指导工作 14 次时，张德江书记打断我的话说："黄校长，你的数字不对，我在双休日、节假日还偷偷摸摸来过这里好几次呢。"我一惊，赶快解释："张书记，我这个数字是根据我参加接待你的工作日志统计出来的，不完全，对不起！"张书记："责任不在你，不怪你，怪我没有向你报告。"当张书记说我数字不准确时，气氛有点紧张，有人窃窃私语，等到张书记说是怪他没有向学校报告不怪我时，会场气氛马上活跃起来，爆发了一阵热烈的掌声。

说实话，在学校，大小会议我不知主持了多少次，简直无法统计了，我从不怯场。但是，主持有省委书记参加的座谈会，我心里也有些紧张。如果是大会，所有议程都是安排好了的，谁干什么谁干什么，一切按程序走。而座谈会，那就很难掌握了：谁讲谁不讲，谁讲多长时间，谁讲什么内容等等，主持人是无法掌控的；每个人发言后，主持人总还要再点评一下，如何言简意赅地给以得体的点评也不是件易事；若有人跑题，还要很礼貌地拉回来；如果有人在会上发难，出难题，要及时引导或阻止；如出现冷场，则需发动与会者发言，等等。还有，座谈会最后，还要一个总结，怎么讲，怎么评价省委书记的讲话？这都是主持座谈会的难题，主持一个有省委书记出席的座谈会，更是难上加难。

好在出席座谈会的几位校友代表都做了很切题的精彩发言，没有出现冷场，也没有跑题，我心中的一块石头才落了地。

在开场白中，我讲到张德江书记把浙大作为他的"宝贝疙瘩"时，他朝我点了点头，并会心地笑了笑，这是怎么一回事呢？

事情是这样的：有一次，张德江书记来浙大作报告时，他开头一句话："老师们同学们，我们浙江大学是什么？"

他这一问，整个会场鸦雀无声，所有的人都一脸茫然，你看看我，我看看你，头脑在旋转："浙江大学是什么……"

时间好像凝固了一样，似乎过了很长很长时间，张书记又说："我们浙江大学是寿星的脑袋！"全场又是鸦雀无声，所有与会者又都是一脸茫然，又都是你看看我我看看你……

"我们浙江大学是寿星的脑袋——宝贝疙瘩！"张书记给出答案后，大家仍是一头雾水，一下子没有反应过来，过了好长时间，人们才明白过来，爆发出经久不息的热烈掌声，还伴随着一阵阵的欢呼声。整个会场变成了一片沸腾的海洋。

掌声过后，张书记又说："浙江大学是省委、省政府的宝贝，是浙江人民的宝贝，也是全国人民的宝贝。"紧接着，他就如何支持浙大创世界一流大学发表了讲话。

这就是张德江同志的风格，给他主持座谈会，我是捏了一把汗的，好在没出洋相。

感人捐赠

四校合并之前，不管老浙大、老杭大，还是老农大、老医大，在长年的办学过程中，都得到社会上有识之士和校友的慷慨捐赠。如四校在合并前就都有香港实业家邵逸夫先生的大额捐赠项目：浙大邵科馆、杭大邵科馆、农大邵科馆、医大邵逸夫医院等等。

四校合并后，随着综合办学实力的增加，在社会上声誉的日益提高，得到的捐赠也与日俱增。

新浙大成立后，来自香港实业家的捐赠最多，这在很大程度上得益于校党委书记张浚生同志。张书记曾在新华社香港分社工作13年，并长期担任主要领导职务，交了许许多多的朋友，有广泛的人脉和深厚的友谊。由于张浚生同志担任了浙大领导，他们爱屋及乌，愿意支持、帮助浙大的发展。所以，香港实业家的捐赠在很大程度上是冲着张书记来的，或者是张书记苦心运作而来的。我所分管的学校基金会、发展联络办和校友会，则只是在其中做一些具体的联络、沟通、协调工作。而在和香港企业家的联络中，结识了若干香港著名企业家——他们的高尚品德深深地打动了我，使我终生难忘。仅举几个例子：

田家炳先生是香港著名实业家，广东梅州人，是从事化工企业的。四校合并前，他捐助杭大400万港元建田家炳书院，后增加到800万港元。四校合并后，我们多次专程去香港拜访田先生，也去他老家广东梅州拜见过——他在老家捐了不计其数的学校、医院、道路、桥梁。

我们去过田家炳先生家，也多次去他的公司。田先生有专车，但没有特殊情况不用，出门大都是坐公交、地铁或打车，甚至步行。在公司，中午和员工吃一样的盒饭快餐。他从不寄发贺年片，也劝说我不要寄发贺年片（因为我每年春节都给他老人家寄贺年片），他说寄贺年片太浪费不环保。有一次，我在杭州陪他和他女儿去三潭印月游览，我要用相机为他和他女儿单独拍三潭印月的照片（那时我的相机是用胶卷的）。他老人家说："黄校长，我和我女儿两人合拍一张就好了，可以省一张底片。"

2002年、2003年，香港经济形势不好，他公司的经营受到很大影响。那时，他已答应给内地几个学校捐款4300万元，但他的基金会却没有那么多钱，于是，他毅然决定把自己的豪宅卖掉，以支付这些捐赠款项。

我和基金会几个人去过田先生家中。他的家在九龙浸会大学附近，是座三层楼房，有一个很宽敞的大院子，有花园、假山，种了许多树木、花草，很气派很漂亮。

田家炳先生卖房的时候，正值香港房地产低潮，有一个买主只出价4000万。由于田家炳先生要筹措4300万元捐款，不愿失信，故坚持低于4300万不卖，双方僵持了一段时间。后来，买主的太太了解到田先生卖房的目的是为了捐款做善事，就力劝丈夫不要争来争去了，就支付了4300万。这样，田先生才筹足了捐款，了却了他的善举。

田家炳先生卖掉豪宅支付捐款后，在一座公寓楼里租了套100m²的房子住——这就是我所熟知的一个香港企业家的所作所为！

香港汤于翰先生对田家炳先生的评价是八个字——"自奉极位，慷慨施人"，极为贴切。

还有一位香港企业家赵安中先生，也给我留下了终生难忘的印象。

赵安中先生，浙江镇海人，1918年出生，香港荣华纺织有限公司董事长，在内地捐助一百余个项目，向浙大捐赠1400万元设立"安中科技奖励金"，用于奖励浙大获浙江省科技进步一、二等奖的教师，并在浙大建有"安中建工学院大楼"。

我们事先商定，到港的第二天上午去赵先生在中环的公司拜访他。但是，赵先生不巧感冒发烧，把拜会的地点改在他家中。令人吃惊的是，赵先生的住宅不在豪华地段，而是在一栋普通高层公寓中。

我们按响门铃，赵先生亲自为我们开门，热情迎接我们。我第一眼看到赵先生的衣着，只能用"目瞪口呆"四个字概括！赵先生大概看出了我的惊奇，连忙解释："黄校长，对不起，失礼了，因发热卧床，衣衫不整，请原谅，对不起了！"

我连忙说："没有没有。赵先生感冒好点没有？病中打扰，是我们对不起您老！"

实际上，是赵老先生的衣着惊着了我：一件白衬衫，领口已有破损；一件羊毛背心的对襟处也有破洞，脚上的布拖鞋也是破的……

赵先生让我们在他家客厅的长沙发上入座，我们走近沙发，发现这套布沙发的边缘上的布已磨破，沙发里边的黄色泡沫露在外边。所有的家具都是陈旧的，空调是老式的窗式空调，噪音很响——这和我想象中的香港富豪金碧辉煌的豪宅落差太大了。

可是，就这么简朴到令人不可想象的老人，一次向浙大捐款 1400 万元……

离开赵老先生返回旅馆的车上，我在想：1400 万元，可以买多少家具？可以买多少件衣服？可以……

还有我们的校友汤永谦、姚文琴夫妇，怀着对母校的深情厚谊，为母校做出了巨大的贡献。

汤永谦 1940 年毕业于浙大化工系后留校任教，后赴美深造，创办特克里公司并任总裁，以出色的业绩荣获美国政府授予的"亚裔商业杰出奖"、"杰出企业家"等称号。其夫人姚文琴，1940 年毕业于浙大教育系。

汤、姚夫妇对于母校的建设倾注了巨大的热情，先后为母校捐资建设"永谦活动中心"、"永谦教学大楼"、"文琴艺术总团"、"汤氏化工奖教奖学金"、"汤永谦学科建设发展基金"等几个项目，累计近亿元人民币，为浙大的建设和发展竭尽全力。

为捐款事宜,他们夫妇二人不断来往于浙大和美国之间,但他们不要学校接,不让学校送,在杭吃住全部自行解决。自己的生活也十分简朴,为人处事极为低调,从不张扬。

永谦学长已仙逝,文琴学长仍健在。他们夫妇是我心中永远的楷模,我在和两位师兄师姐的交往中,学到了许多做人的道理。

险入虎口

见钱眼开,无论是为个人还是为单位,都是非常危险的,可能会身陷囹圄,甚至送掉小命。

2004年11月底,有一个中年男子敲开了我办公室的门。他一进门,先弯腰向我鞠了一躬,然后操着"港普"对我说:"我叫林xx,是香港来的。"我一听说是香港来的,可能是校友,我赶快让坐,并给他泡了一杯龙井茶。他呷了一口茶后说:"我叫林xx,是香港施子清先生恒通资源集团有限公司的项目经理。"我说:"我知道施子清先生,福建晋江人,是香港著名企业家和社会活动家,在内地有大量投资开发项目,全国政协委员、书法家,对吧?"他说:"你说的很对,我是为一个项目来的。我刚才去过潘校长办公室,潘校长说这些都是你管的,叫我直接来找黄校长说。"然后他告诉我,恒通集团在杭州机场路购买了500亩地,开发房地产。因知道浙大建工学院力量很强,想和浙大合作,由浙大建工学院设计;同时,让浙大建工学院学生进驻实习和就业。原计划用500万元人民币搞开工典礼,现决定不搞了,就把500万元捐给浙江大学,表示合作的诚意……

我一听,天上掉馅饼了,500万元送上门。我赶紧站起来和他握手、拥抱,并立即叫来负责捐赠的校办副主任张美凤,然后拍照,请吃饭。

林xx饭后临走时说:"为了表示我们的诚意,请黄校长专程去香港我们公司考察,所有费用由我们恒通承担。"我说:"我们近期有去香港的计划,不需专程去,费用也不用你们承担。我们去香港的时间确定后,会提前告知你,我们在香港见面就是了。"他说："好的，我在香港等你们。"

2005年1月3日，我和校办张美凤副主任、发展联络办顾玉林副主任三人出发去香港，任务有四：一是看望金庸先生，二是拜访董建成先生，三是拜访赵安中先生，四是和林xx洽谈500万元捐赠事宜。

我们行程定下后，即通报给林xx，并商定1月3日晚在我们下榻酒店见面。但是，我们到香港后，林xx一直不来电话，打他电话也不接。直到第4天中午，林xx才给我来电话："我们这几天都在搞一个大项目，非常忙，所以没有跟你联系，很对不起。我们老板现在在澳门谈一个房地产大项目，今天晚上签约。我们老板决定签约后和你见面，所以请你今晚从香港到澳门来，坐晚上十点半的船过来，我会在澳门码头接你。还有一点对不起，我们老板只能接见你一个人，所以你一个人来就是了。"我说："其他没问题，我们是3个人来的，所以今晚我们3个人一起过去，怎么样？"他再三说，老板很忙，只能接见我一个人，另外两个人就在酒店休息好了。由于商量不通，又是人家捐款给我们，所以我就让步，同意我一个人去澳门。挂断电话后，我给饭店服务台打电话，请他们代购晚上十点半去澳门的船票，并预留一辆出租车送我去码头。

我赶紧把张美凤、顾玉林两位主任找来，共同商量情况。他俩坚决反对我只身前往澳门，并提出了若干疑问：第一，我们到港3天了，林xx为什么从不主动和我们联系？第二，为什么他只用手机而不用座机打电话，他人到底在哪里？第三，为什么不在香港见面，而要去澳门见面？第四，为什么只接见你一个人？再忙，接待1个人和3个人有不同，接见3个人会更占用时间吗？第五，为什么叫你晚上十点半以后去澳门？到那里都要凌晨了，人生地不熟，又深更半夜，一个人去绝对不安全。基于这么多疑惑，我们3人决定，下午立即去恒通资源集团有限公司总部探个究竟。

我们到了恒通公司门口，门卫把我们带到一个接待室门口，我们问一个女工作人员："林xx先生在公司吗？"她说："你们是来报案的吧？你们受骗啦？怎么骗你们的？你们去警署报案吧！"

这时，我们才知道，香港恒通资源集团公司根本没有林xx这个人，在杭州机场路也根本没有房地产项目——林xx是个骗子！

那个女工作人员建议我们报警，我们3人经商量，认为骗局已被揭穿，我们也没有受到实际损失和伤害。再说，香港的水太深，我们要经常来香港出差办事的，就不报案了。

可能是那位女士报了警，晚上一男一女两个警察找上门来。警察对我们说："你们的警惕性很高，没有上当，没有去澳门。之前，已有几起这样的事件，被害人上当受骗，弄到澳门，灌迷魂药，和美女睡在一起，有照片有录像，然后开价，钱到放人，否则……你们很幸运，向我们报案吧……"我们只好以事件会发生在澳门和骗局被揭穿为由拒绝了报案。

险入虎口，一场虚惊！假如那晚我真的孤身去澳门，很可能是肉包子打狗——有去无回。

究其根由，就是见钱眼开，一听说500万元，头就晕了。如果头脑清醒一点，去杭州机场路一看就什么都知道了，好在关键时刻醒了过来。

我们回到杭州后，把这件事讲给张浚生书记听。他说："黄校长一心为公，单身赴会，精神可嘉，可钦可佩。如真的出事，我会亲自到澳门去捞你的。"

主持轶事

从1998年至2005年的这8年，我一年不知要主持多少次全校性的会议，巴德年校长称我是主持专业户（巴德年院士，中国协和医科大学原校长，曾任新浙江大学医学院院长，我们俩私交甚笃）。

每年7月份的毕业典礼、9月份的开学典礼和每年春节团拜会，这是常规动作。还有许多全校性的活动，如曹光彪大楼落成、田家炳书院落成、紫金港校区开工典礼、汤永谦学生活动中心落成典礼、周厚复化学楼落成典礼、刘奎斗国际教育大楼落成典礼、曾宪梓教学楼开工典礼、纪念陈立校长百年华诞大会、金庸小行星命名仪式、聘请金庸为文学院院长仪式、聘请王蒙为名誉教授仪式、聘请谢晋为名誉教授仪式、聘请张艺谋为名誉教授仪式、新浙大校友总会成立大会等，还有学术研讨会、洽谈会、座谈会和各种规格各种形式的签约仪式，不计其数。

这些主持活动，有时天天有；有时一天几场，上午、下午、晚上排满。不管活动大小，我都极其认真地对待，事先都认真备课（我的办公桌上有一本《新华字典》，随时查阅，念错字可是要出洋相的，还会让学生记一辈子）。所以，8年会议主持下来，没有发生一次差错。

凡事总有例外。因紫金港校区首次启用，2002年的新生推迟至10月中旬报到，开学典礼定在10月17日下午3时举行。

我掐着时间站在主席台上会议主持人的位置观察整个会场：近万名学生已提早15分钟全部到场就位，学校党政领导也已在主席台前排就座，会议准备全部就绪。

这一天天气十分反常。看看同学们都已到场，我便给同学们发了一个通知：

"同学们，现下虽是秋高气爽的金秋季节，但今天阳光猛烈，气压很低，温度很高，异常闷热，秋高而气不爽。校医院在大会主席台北边设有急救站，同学们身体如有不适，请及时到急救站就医。"

2时55分，我打开了扩音器：

"同学们，老师们：我们2002级开学典礼即将开始，在典礼正式开始之前，我先把在主席台前排就座的校领导向同学们做个介绍"我正讲到这里，眼睛的余光看到潘校长站了起来。我赶紧转过头仔细一看，潘校长已离开座位向主席台出口处走去——他怎么在关键时刻离开了？去干什么？上洗手间？有急事？多长时间会回来？一连串的问号在我脑子里转——因为按惯例，我第一个介绍张浚生书记，第二个就介绍潘校长，潘校长不在怎么办？

在这紧张的时刻，我急中生智：

"同学们，在介绍校领导之前，我先把今天我们开会的紫金港校区给你们做一个介绍。"我说到这里，同学们哈哈笑了，并鼓起了掌。我赶紧趁热打铁地说：

"我们新浙江大学是1998年9月15日由浙大、杭大、农大、医大合并成立的，当时有5个校区，就是玉泉校区、西溪校区、湖滨校区、华家池校区和之江校区——同学们，有水则灵呀，我们5个校区都带水，有泉、有溪、有湖、有池、有江，灵气得很。为了使我们的各个学科更好地交叉融合，也为了使同学们更好地融合，我们新建了这个校区，叫紫金港校区——我们这样又加了一个港——港湾、港口。这个校区占地3000亩，于2001年9月18日开建，历时11个月，投资36亿元，建筑面积60万平方米——同学们，请注意，你们是第一批入住的新生，你们是幸运的，你们是浙大的宠儿，你们是紫金港校区的第一批主人……"

　　我一边向同学们介绍紫金港校区建设的情况，一边眼望主席台出入处，看潘校长回来了没有。又怕如果潘校长此时回来，我扯得太远了一时收不回来……正在这时，我眼睛一亮：潘校长高大的身影出现在主席台入口处，我就赶紧刹车，但又不能急刹车，还得讲几句把话圆回来，于是我又说：

　　"同学们都知道，中国有一所很有名的学校，叫黄埔军校，这个学校出去的都是军人，很多毕业生成了著名将领。黄埔军校在大陆一共办了23期，最厉害的是黄埔第一期，世称'黄埔一期'，一听到黄埔一期，就令人竖起大拇指，肃然起敬——同学们，先人们是'黄埔一期'，你们就是新浙江大学'紫金港一期'，将来你们就是受人尊敬的'紫金港一期'老大哥老大姐，这将载入我们浙江大学的史册。同学们，我羡慕你们，我衷心地祝福你们。"

　　哇，这一下子学生们炸开锅了，一片掌声，一片欢呼声，掌声和欢呼声震天动地。这时，我的心才逐渐平静下来，正式进入大会议程："好，同学们——我现在正式向你们介绍在主席台上就座的各位校领导……"

　　这是我8年主持生涯中，最危急、最具戏剧性的一幕，有时回想起来，自己都要会心地一笑。

良师金庸

　　我第一次见到金庸先生是1998年9月15日新浙江大学成立典礼上。那次只是远远地一睹先生：个子不高，微胖，戴副金丝眼镜，头发梳得纹丝不乱，面带笑容，浅色西装，温文尔雅……

金庸先生慨然应允担任新浙江大学人文学院院长。从此，我们开始了近20年的交往。

1999年3月24日下午，金庸先生乘飞机从香港抵达杭州，我和张浚生书记前往机场迎接，同来的有他的夫人查林乐怡女士。在机场出口处，新华社记者拍了一张金庸先生怀抱鲜花的照片，紧跟在金庸先生后面的是张浚生书记和我——3月25日，全国大小报纸几乎无一例外地刊登了这张照片，这是我和金庸先生的第一次合影。

3月26日下午，在玉泉校区邵科馆举行人文学院院长聘任仪式——金庸先生正式就任我校人文学院院长——聘任仪式由我主持。

3月28日上午，陪金庸夫妇去中国茶叶博物馆喝茶、散步。

其间，我有幸陪金庸先生去过浙江龙泉、福建武夷山、浙江新昌（《笑傲江湖》拍摄地）等地。

2001年7月6日，金庸小行星命名大会，也是我主持的。

金庸先生担任人文学院院长后，每年都来浙江大学几次。金庸先生来浙大，每次的具体安排、接待、陪同都由我和校办主任王立人、副主任张美凤负责。所以，我和金庸先生的接触是很频繁的，我自己保存的和金庸先生的合影就有几百幅。

金庸先生从1999年3月起担任浙江大学首任人文学院院长。在担任院长期间，金庸先生对浙大人文学科的发展倾注了极大的心力。他以自己丰富的社会资源和巨大的影响力，在学院学科建设、人才培养、声誉提升等方面发挥了独特而无可替代的作用，为学院一流文科建设作出了重要贡献。

在交往的过程中，金庸先生给我留下极其深刻的印象。

敏睿过人

2000年9月10日，马云夫妇在杭州张生记酒店为金庸先生夫人查林乐怡过生日，邀我和我夫人穆桂珍作陪。

席间，马云接了一个电话。好像对方问马云在什么地方？在干什么？只听马云回答："我在杭州，正和金庸先生在一起过生日。"对方听到马云和金庸先生在一起，似乎很兴奋，提出了要求。听到马云问："老何，要金庸先生起个名字？是儿子是女儿？什么时间生的？要纪念意义？3月9日生，是儿子……"

这时，金庸先生从上衣口袋掏出他那支特别的圆珠笔，在饭店的餐巾纸上写了几个字，然后推到我的面前，朝我会心地一笑。我赶紧拿到眼前一看，是"何三旭"三个字。我示意金庸先生，是否要我把它交给马云？金庸先生微微点头认可，我立即把纸条交给了马云。

马云一看纸条，便大呼："老何，金庸先生已经给你儿子取好了名字，非常非常有纪念意义，叫何三旭，三月九日，旭日东升，怎么样？"

一个电话未打完，一个有纪念意义的名字已经取好，这就是金庸先生——智慧，大智慧。

阿里贵人

20世纪末，中国的商业网站如雨后春笋，方兴未艾。

1999年9月，马云的阿里巴巴应运而生。

第二年，即2000年9月，阿里巴巴的创始人马云作为东道主，在杭州成功举办了首届"西湖论剑"——以剑论网！

当时的新浪网、搜狐网、网易网都已在纳斯达克上市，成立不足周年、名不见经传的阿里巴巴为什么能倡议召开这样一个网界高峰论坛呢？为什么搜狐首席执行官张朝阳、新浪网的总裁王志东、网易的董事长丁磊、8848电网董事长王峻涛这些大名鼎鼎的人能悉数与会呢？

这就是马云的大思路、大策划，这就是马云的奇思妙想：马云请他的良师益友金庸先生莅临杭城主持这个论坛。

金庸先生将主持"西湖论剑"的消息一经发布，不仅国内成千上万的网

杭州笕桥机场迎接金庸来浙大履新（1999 年 3 月 24 日）

陪同金庸在中国茶叶博物馆参观（1999 年）

陪同金庸在武夷山考察

和金庸先生在一起

民和媒体从全国各地赶来杭州，甚至很多国外人士和媒体也慕名成为峰会的宾客——这在中国互联网界是史无前例的。

金庸先生欣然同意主持"神交已久，一见如故"的迷弟马云主办的"西湖论剑"峰会，是对马云和阿里巴巴最强有力的支持，极大地提升了马云和阿里巴巴的影响，使不满周岁的阿里巴巴跻身于全国五大网站之列（以前只有"三大网站"之说），奠定了阿里巴巴在互联网行业的地位——让所有人都知道了马云，知道了阿里巴巴。

所以，马云多次说，没有金庸先生就没有今天的我，没有金庸先生就没有今天的阿里巴巴。诚哉斯言——金庸先生是马云和阿里巴巴的贵人。

我有幸陪同金庸先生出席了"西湖论剑"的全部活动，先生的一言一行，给我留下了极为深刻的印象。先生扶掖晚辈的高贵品质使我受用终生。

谦谦君子

金庸先生是著名武侠小说作家、新闻学家、企业家、思想家、政治评论家、社会活动家，香港"四大才子"之一，获得大紫荆勋章、影响世界华人终身成就奖。

他著作等身，他的读者面我认为是全世界最广的——放眼国内外，没有一个作家像金庸先生拥有那么多的读者；他走到任何地方，都是人们拥戴的偶像。

在我们陪同金庸先生时，有人要和他合影，有人要他签名，只要条件允许，他都能尽可能地满足人们的要求，而且都是面带微笑、不厌其烦、和蔼可亲。

我们在一起吃饭、喝茶、聊天时，金庸先生从不高谈阔论。他总是面带微笑地倾听，也会不时插话，细声细语，而且总是语出惊人。

我们每次去香港都要去看望、拜访金庸先生，他一定在香格里拉饭店夏宫请我们吃饭、喝酒——他自己只喝一点很少的葡萄酒，允许我和他太太喝白酒或黄酒（他太太很喜欢喝黄酒），允许我和他太太在饭桌上抽烟，还会为我叫一碟辣椒（他知道我爱吃辣的）——金庸先生的心很细，对人照顾无微不至。金庸先生的太太查林乐怡，具有优雅高贵的气质和纯洁善良的天性，话不多，不愿抛头露面，是我的酒友和烟友。

不管在内地还是去香港，每次和金庸先生见面都有一项任务，受人之托，请金庸先生在他的书上签名——不管有多少书，只要不是盗版，金庸先生都会耐心地一本一本签名，从未拒绝过，有时还会写上几句话，有时兴之所至，会依据读者的姓名写出一首诗来。

在和金庸先生交往的过程中，他给我写过几幅字，其中两幅如下。

其一

拣得一枝簪破帽

年年相忆江关道

冰雪相看颜色好

明岁西湖重见犹年少

　　录夏承焘先生词句为书盂吾兄新居补壁

　　金庸庚辰年春

其二

子在川上曰："逝者如斯夫，不舍昼夜！"

书盂兄故居山东曲阜，与圣人为邻，哲嗣黄波黄涛、父子三人，恂恂儒雅，谅体多临黄川，有原始积淀故也。

　　弟金庸谨书

后一幅字（子在川上曰），当写于 2013 年 10 月 6 日下午或晚上。

事情是这样的：2013 年 10 月 5 日，张浚生书记和我们一行，去参加香港中文大学 50 周年校庆。10 月 6 日中午，金庸先生夫妇照例在香格里拉饭店夏宫请我们吃饭。这次见面，金庸先生的话更少了，言语表达已显迟缓。我拿去三本他的著作要他签名，他虽欣然提笔，但几经努力，未能如愿——已不能正确书写"金庸"两个字。见此情形，我的泪水流了下来，怕金庸先生看到，借抽

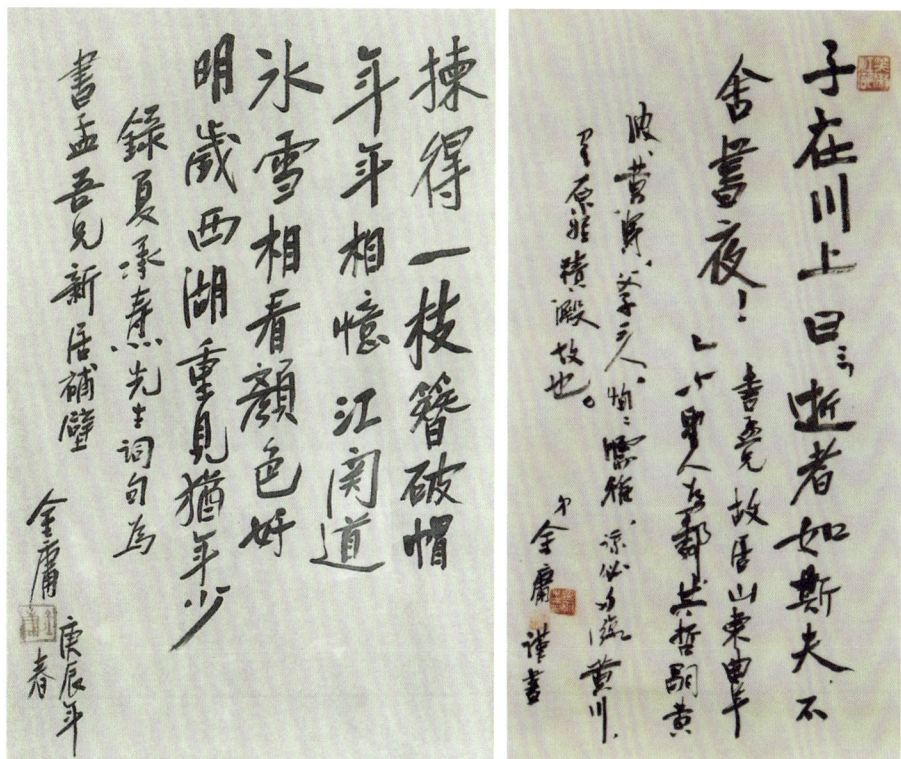

金庸题字二幅

烟为名，跑到室外流泪——但这一切未能躲过查太太的眼睛。她跟了出来，用手拍拍我的肩膀安慰我："黄校长，已经有一段时间了，不要难过。"查太太这么一说，我更难过了，差点哭出声来。

吃饭中间，金庸先生问我：辣椒还吃吗？香烟还抽吗？莱芜战役时你还不到10岁吧？是不是经常回莱芜，等等。过了一会，他突然说："黄校长，我还欠贵公子黄波、黄涛一幅字，明天上午九点半前送到你的酒店，可以吗？"说这话时，金庸先生的脑子显然非常清楚。

第二天早上，我还未起床，有人敲门：金庸先生派人专程送来了给我们父子三人的这幅极其宝贵的、充满了深情厚谊的墨宝。这一天，是2013年10月7日。

219

前左查林乐怡（金庸夫人），前右穆桂珍，后左金庸，后右本人

观金庸下围棋

参加金庸夫妇在香港的宴会

拜谒马克思墓

1999 年 12 月，奉浙江省教育委员会领导之命，我率浙江省高等教育招生考试改革培训团一行 17 人去英国考察培训，历时 21 天。

我们的培训主要在伦敦进行，同时参观考察了英国的普斯茅斯、纽卡索尔、爱丁堡、利兹、曼彻斯特、利物浦、伯明翰等城市和牛津大学、剑桥大学等高校。

马克思的墓就在伦敦。所以，我安排的若干行程中，重要一项是去看望马克思同志。

1848 年 3 月，马克思一家人辗转到了英国伦敦。在伦敦大英博物馆，马克思二十年如一日，阅读研究，终于写出《资本论》这部"工人阶级的圣经"。

1883 年 3 月 14 日，马克思在伦敦逝世，享年 65 岁。马克思去世后，他的朋友们把他安葬在伦敦的海格特公墓。

我们是 1999 年 12 月 7 日抵达伦敦的。我想利用休息日去拜谒马克思墓。

12 月 11 日，我向伦敦的出租车司机打听如何去海格特公墓及需要多少车费。出租车司机告诉我：他知道海格特公墓在哪里，来回车费大概要 110 英磅左右（相当于 1100 元人民币左右），但他的出租车在公墓只能等 15 分钟，超时要另加费用。

当天晚饭时，我向负责我们行程的英国赛欧公司于宏伟经理说："明天没有培训任务，我想去海格特公墓，请你帮我叫一辆出租车，费用我自己负担。"她问："怎么？你有亲人安放在那里？"我说："是的，我最亲的亲人，我的老祖宗马克思长眠在那里，我要去看望他老人家。"于总听后说："我在这里的公司开了 20 多年，接待过无数批国内团队，从来没有一个人向我提出过要去看望马克思，你为什么要去？费用很高呢。"我说："我是学习马列主义毛泽东思想的，我是吃这碗饭的，马克思是我们的祖师爷，这也是我同意带队来英国的一个重要原因。"

于总说："我爸是离休干部，老革命，我也是共产党员，我也敬仰马克思。你是第一个向我提出要去看马克思的人，你感动了我。这样，明天我们公司派人派车专门陪你去海格特公墓，全部费用我公司承担，我们公司很荣幸陪你去。"

第二天一大早，我们一行三人（省教委的张江琳、俞水根两位主动要求一起去）就出发了。汽车行驶一个多小时，我们就到了位于大伦敦北郊一个小山丘上的海格特公墓。公墓前，漆黑的拱形大铁门肃穆沉重，旁边立着一个售票小亭子，门票6英磅一张。进入大铁门后，沿着一条山路蜿蜒而上，一路绿树环绕，环境非常优美。不到20分钟，我们便找到了位于中路左侧的马克思墓。

　　马克思墓高约8英尺，长方形，用花岗石砌成；马克思四英尺高的青铜头像安放在墓碑上方；光滑的墓碑正面上部镌刻着"全世界无产阶级联合起来"的金色大字；下部镌刻着马克思的名言——哲学家们只是用不同的方式解释世界，而问题在于改变世界。

　　马克思的雕像栩栩如生，黑色的花岗岩透着亮光，整座墓碑雄伟、庄严、肃穆、整洁，是整个公墓中最壮观、最让人震撼的。

　　我们三人，怀着万分激动和崇敬的心情在祖师爷墓前默哀、鞠躬，脑中回想着他老人家的教诲，回想着恩格斯在马克思墓前的那篇著名演说……

　　守墓员告诉我们，马克思的墓原先夹杂在一大堆坟墓中间，平躺于地上。20世纪50年代，英国工人和各国共产党合力重建了马克思墓。马克思墓旁边的那些墓，大多数是马克思主义者——他们生前追随马克思，死后也陪伴马克思。

　　前几年，英国广播公司(BBC)《我们的时代》广播节目评选最伟大的哲学家，马克思以27.93%的得票率荣登榜首，休谟、柏拉图、康德、苏格拉底、亚里士多德、黑格尔等远远落在其后。

　　BBC的评选结果并不偶然：1999年，英国剑桥大学文理学院也曾在校内征询、评选，试图找出谁是人类纪元第二个千年的"千年第一人"。马克思在投票结果中位列第一，被习惯认为第一名的爱因斯坦屈居第二。随后，BBC又以同一命题在全球互联网上征询投票一个月，投票结果也是马克思第一，爱因斯坦第二。

　　我青少年时，就接触、信仰马克思主义毛泽东思想，至今已半个多世纪；在课堂上，已讲了40多年的马列主义毛泽东思想——今天，我站在马克思墓前，

拜谒马克思墓（1999年）

想到这一切，感到无比的光荣、自豪和骄傲！

临离开马克思墓时，我心里默默地对马克思说："伟大的马克思主义的创始人马克思同志，安息吧！革命尚未成功，我辈仍将努力！"

瞻仰巴黎公社社员墙

2002年，我率团访问法国、意大利、荷兰、葡萄牙和比利时等5国。

在法国，我专程去拉雪兹神甫公墓瞻仰了巴黎公社社员墙。

巴黎公社社员墙是拉雪兹神甫公墓东北角的一段灰色砖墙。弹孔深深地楔进墙中，尘封了百余年前的一场血雨腥风。

法国梯也尔政府对德意志帝国的丧权辱国行为激起人民群众的极大愤慨，巴黎民众于1871年3月18日举行武装起义，3月26日进行选举，3月28日正式成立巴黎公社——这是世界史上的第一个无产阶级专政性质的政权组织。马

瞻仰巴黎公社社员墙（2000年）

克思、恩格斯热情地赞扬和支持巴黎无产阶级的革命创举。巴黎公社革命检验了马克思主义关于无产阶级革命和无产阶级专政的思想，积累了极其宝贵的历史经验，马克思、恩格斯正是在总结巴黎公社历史经验的过程中丰富和发展了科学社会主义理论。

公社成立之后，遭到国内外敌对势力的疯狂围攻。

5月27日，5000名政府军围攻退守在巴黎东北拉雪兹神甫公墓的147名公社战士。最后，这批战士在墓地的一堵墙边全部壮烈牺牲。

为了纪念在保卫公社中牺牲的战友，大赦后回到法国的公社战士，于1893年集资买下了这堵墙和这块地皮，并把这堵布满弹痕的旧墙称为"公社社员墙"。后来，人们在墙上挂了一块铜牌，上边写着"献给公社的烈士（1871年5月21日—28日）"。

巴黎公社虽然只存在了72天，但它为无产阶级革命运动提供了极其宝贵的经验和教训。这是无产阶级为推翻资产阶级统治、建立无产阶级专政的第一次伟大尝试。公社英雄儿女们用生命和鲜血捍卫新生政权的大无畏革命精神，将永远激励全世界人民为争取自由解放而斗争。

我是学习马克思主义的，更是专攻科学社会主义的，来到法国巴黎，去瞻仰巴黎公社的先烈们是理所当然的。所以，到巴黎的第二天上午，我们一行便去了拉雪兹神甫公墓，向为无产阶级的自由解放而献身的先烈们默哀、致敬、鞠躬，并怀着十分崇敬的心情拍照留念。

"为有牺牲多壮志，敢教日月换新天。"今天的中国，正迈步在科学社会主义的大道上。我想，这是可以告慰巴黎公社社员的——你们的血没有白流。

重定校庆日

老浙江大学的校庆日，是每年的 4 月 1 日。新浙江大学成立后继续沿用了这个时间。

多年来，浙大的师生、海内外校友有一个心结：我们学校的校庆日为什么是 4 月 1 日？确定 4 月 1 日为校庆日的依据是什么？我们都是读书求学的聪明人，为什么把西方愚人节这一天定为校庆纪念日？

2003 年，有人在校常委会上提出了这个问题，与会的新浙大、老浙大的领导人没有一个能讲得出来。于是张浚生书记对我说："黄校长，请你考证考证，浙大的校庆日为什么是 4 月 1 日？有什么特定含义？应该确定什么时间为浙大校庆日最为合适？"

首先，我要弄清楚：什么时候、为什么确定每年的 4 月 1 日为校庆纪念日？

经多方查找，最终在学校档案馆的史料中查到，以 4 月 1 日为校庆日，是民国三十四年（1945）6 月 2 日在国立浙江大学第 46 次校务会议上确定的。该次会议记录原文如下："七、改订本校校庆纪念日案。决议：改以第三中山大学称浙江大学之日期 4 月 1 日为本大学校庆纪念日。"

这次会议的决议讲得很清楚：国立浙江大学从 1945 年起校庆日为每年的

4月1日，原因是这一天国立第三中山大学改名为国立浙江大学。浙江大学以4月1日为校庆日，与"愚人节"没有任何关联，只是一种巧合。

再说明一点：改4月1日为校庆日之前，浙江大学曾以8月1日为校庆日。

其次，查找、论证除4月1日外，以什么时间作为浙江大学的校庆纪念日为妥。

既然浙江大学是由求是书院演变、发展而来，我就从求是书院开办日期上下功夫。最后，我们找到了光绪二十三年（1897）六月十七日，浙江巡抚廖寿丰给光绪皇帝的《奏为浙江省城专设书院兼课中西实学恭折》，称："……专设一院名曰求是书院……由地方绅士保送年二十以内之举贡生监饬据该总办考取复试接见询问择其行谊笃实文理优长并平日究心时务而无嗜好习气者，于本年四月二十日送院肄业……"

奏折中，未讲求是书院何时开始筹备及筹备就绪，但明确讲于光绪二十三年四月二十日（1897年5月21日）正式开始上课学习。据此，我建议以求是书院第一期学生开始上课的这一天——5月21日——为新浙江大学的校庆纪念日。

我把考证的简要过程和结果及我的建议在校常委会上作了通报，会议一致同意我的建议：从2004年开始，以5月21日作为新浙江大学的校庆纪念日。

2003年7月2日，学校正式发出更改校庆纪念日的通知。

2004年，浙江大学首次以5月21日为校庆纪念日开展纪念活动。

五年省政协

2003年，浙江省政协换届，我被推选为浙江省九届政协委员、常委。同时，被任命为科技教育委员会主任。

按惯例，专委会主任是要坐班的，但当时我在浙大尚未卸任，所以，我每周安排两三个半天去省政协上班，有紧急情况或重要任务，我会特别挤出时间去办公室处理。好在领导考虑到我的实际情况，为我们专委会配备有常务副主任和专职副主任，日常工作他们负责处理。到2005年从浙大岗位上退下来，我便每天坚持去政协上班理事，直到2008年政协换届退下来。

政协常委要参加常委会议、全体委员会议和政协的活动，但没有具体工作任务，也不需要坐班。而专委会主任，要负责实施本专委会的工作任务，那是要坐班的，任务主要有如下几个方面：

一是围绕省委、省政府的中心工作，开展调查研究，撰写调研报告、递交提案，参政议政，建言献策；

二是根据本专委会的职责，组织委员就教育、科技方面进行调研考察，向省委、省政府提交调研报告；

三是就国计民生、老百姓反映强烈的社会问题进行专题考察调研，形成专题报告，与政府相关职能部门协商沟通；

四是参加省委、省政府的重要会议，参政议政，建言献策；

五是对口接待全国政协和兄弟省区市政协来调研的领导，陪同考察调研等。

5 年中，我主要调研并在政协全委会和常委会上发言的课题有：

关于采取有力措施鼓励大学生赴我省欠发达地区薄弱学校任教；

关于改进教育投入政策，促进教育均衡发展；

关于要高度重视幼儿教育，进一步办好幼教事业；

关于要进一步加大对边远农村和经济欠发达地区九年义务教育的扶持力度；

关于做好职业病防治，切实加强劳动保护；

关于建设平安浙江，构建和谐社会；

关于乌溪江水资源的利用和保护；

关于建立衢州低碳经济示范区；

关于垃圾发电的调研与建议，等等。

有一次，省政协就教育改革问题进行专题研讨，时任中共浙江省委书记习近平同志参加了这次会议。在这次会议上，我作了《改革教育投入政策，促进教育均衡发展》的发言。发言中间，习近平书记两次插话，对我的建议表示赞许。同时，他指示参加会议的省财政厅、省教育厅的领导要重视这个问题，进行专题研究落实。

省政协科技教育委员会委员合影（2007 年）

　　浙江地处东南沿海，改革开放以来，社会经济发展走在全国前列，所以，来浙江考察取经学习的络绎不绝。因此，政协陪同来浙考察的任务十分繁重，作为专委会主任，几乎每个月都有陪同考察任务。

　　2006 年 3 月，一个月内，我陪全国政协科教委、广东省政协科教委、湖北省政协科教委 3 次去温州，每次 5 天。一月之内，一半时间在温州考察。

　　有一次，我陪同一位非凡的人去舟山考察：他就是全国政协常委、原国家航天局局长、中国嫦娥工程总指挥栾恩杰院士。栾恩杰同志是中国航天事业的领军人物，对我国航天航空事业多有贡献，主持我国首次月球探测工程。我对他极其崇拜，在 5 天的陪同过程中，只要不在考察现场，我随时向他请教探月工程方面的事，每天晚上都去他房间问问题。他总是不厌其烦、眉飞色舞地向我作介绍，使我受益匪浅。

　　时间飞驰，转眼到 2008 年省政协换届，我因任期届满和年龄到杠而退出，旋即转岗到浙江省人民政府任省政府参事。

物盡其用
人盡其才

为浙江省人才开发协会
成立三十周年题词

十年省参事

2008年，我省政协任职到届后，转任浙江省人民政府参事。

从2008年到2018年，参事工作成了我的主业。尽管我还兼任浙江省人才开发协会会长、浙江老教授协会副会长、浙江省人口学会副会长、浙江省茶文化研究会副会长、浙江省马寅初研究会副会长、浙江大学发展委员会副主席等职，但参事属于在职在岗，所以，我的主要精力和时间是放在参事履职上。10年来，我尽心尽力尽责，不敢稍有懈怠，做了一些力所能及的工作。

我于2008年被时任浙江省省长吕祖善同志聘为浙江省政府参事，至2018年，整整10年。

参事履职有诸多特别之处，最大的特点是参事和省委书记、省长等省领导之间的"零距离"、"直通车"：参事撰写的意见和建议，直接送呈省委书记、省长，没有任何中间环节——上午递交的参事件，下午就会放到省委书记、省长的办公桌上。参事被称为省委、省政府领导的智囊团、思想库和参谋部。

我在10年参事任职中，单独或与人合作写了二十几份参事意见和建议，都得到时任浙江省委书记赵洪祝、夏宝龙和省长吕祖善、省政协主席周国富等省领导的批示，被政府职能部门采纳、落实。

调研考察高等教育

调研农民工子弟学校

调研新农村建设

我所撰写的意见与建议，集中在国计民生方面，集中在社会上老百姓反响最强烈和最关心的社会热点、难点方面的问题。如：关于解决高校毕业生就业难的对策建议，关于稳定我省欠发达地区农村教师队伍的建议，关于维护受助学生的权利和尊严的建议，关于制定浙江省人体器官捐献条例的建议，关于我省高考政策加分的改革建议，关于严管电动自行车生产、销售和交通的建议，关于全面彻底拆除高速公路两侧广告牌的建议，关于生态文明、水资源保护、资源循环利用的建议，关于重新组建杭州大学的建议，等等。

举两个具体例子。

一、关于我省高考政策加分的改革建议。

第一、加分政策中加分项目设置不合理，太多太滥，尤其是体育竞赛加分和各种科技竞赛加分，弄虚作假多，有失公平公正；第二，政策加分分值太高，有的竟高达20分之多，直接影响到考生的录取，决定考生的命运。

据此，我提出三条建议：

一是专题梳理全部加分项目，科学论证，大幅度削减加分项目，尤其减少各类体育竞技和科技竞赛项目；二是大幅度减少加分分值，作横向比对，使分值处于一个比较合理的区域，并最终取消加分；三是对于因公牺牲、为国捐躯的烈士子弟和从事特种职业人员的子女采取特殊加分或照顾政策，让他们的子女能接受高等教育——只要他们有读大学的愿望和身体条件允许，采取特殊政策让他们接受高等教育（普通大学本科或高职）。

这一建议，已被教育部门采纳，逐年减少加分项目，降低加分分值，受到考生和社会的欢迎。

二、关于全面彻底拆除高速公路两侧广告牌的建议。

我的建议书很简要，就两部分。第一，历数高速公路两侧广告牌（俗称"高炮广告"）的乱象：数量太多，体积过大，规格不一，内容低俗，

浙江省省长吕祖善（后左一）、浙江省常务副省长陈敏尔（后左二）给省政府参事颁发聘书（2008年）

在浙江省人才开发协会第五次代表大会上连任会长（2010年）

在浙江衢州化学工业总公司调研循环经济

在台州市调研民营经济

在遂昌县调研农村教师队伍建设

[手写批示] 印发全委员。

意见和建议

[2014] 第 38 期

（总第 417 期）

文电处 | 领导批示登记 *[印章]* 号
2014年7月24日

夏宝龙书记、李强省长、乔传秀主席、王建满顾问：

　　在我省高速公路两侧有着无以计数和高耸入云的广告牌，与省委十三届五次会议通过的《关于建设美丽浙江创造美好生活的决定》里指出的要"让广大人民群众望得见山，看得见水，记得住乡愁……着力打造美丽公路"大相径庭，大煞风景，很不协调，很不和谐，很不美丽！为此，省政府参事黄书孟撰写了《关于全面彻底拆除高速公路两侧广告牌的建议》现呈上，请审示。

[印章：浙江省人民政府参事室]

二〇一四年七月二十二日

抄报：李卫宁秘书长、夏海伟副秘书长

夏宝龙书记在我拆除高速公路广告牌参事件上的批示

234

管理不善。第二，指出高速公路两侧广告牌的危害、弊端：挡住了青山绿水，遮住了蓝天白云，影响交通安全，造成精神污染。据此，我建议省委、省政府全面彻底拆除公路两侧的广告牌，把完整的青山绿水、整片的蓝天白云还给老百姓，让广大人民群众望得见山，看得见水。

我是 2015 年 7 月 22 日递交这份参事件的，第三天即 7 月 24 日省委书记夏宝龙就作出了批示："印发各县市区"——把一个参事的建议，由省委作为文件下发至全省 90 个县（市、区），这在我省参事史上是第一次，足见省委领导对参事意见的高度重视。

在省委、省政府规定的时间内，全省高速公路两侧的广告牌全部被拆除，同时拆除了 8 万多块墙体和屋顶等广告牌。我的建议得到全面采纳，高速公路两侧及全省的整个环境得到了极大的改善。

十五年国际茶文化研究会

"国际茶文化研究会"的全称是中国国际茶文化研究会。

1993 年，时任浙江省政协主席王家扬同志创立了中国国际茶文化研究会。该会由农业部主管，在民政部登记注册，办公地点设在浙江省杭州市。

2005 年 3 月，浙江省政协换届，刘枫同志从省政协主席岗位上退下来，接替王家扬会长担任了中国国际茶文化研究会会长。

这年 5 月，我从浙大岗位上退下来，担任九届省政协常委兼科技教育委员会主任。省政协虽然要坐班，但时间相对宽松了许多，刘枫会长便叫我来茶文化研究会做点事，先任命我为研究会副秘书长兼办公室主任，后来浙江省茶文化研究会换届，我被安排为副会长。茶研会除了少数几个专职人员外，都是已从岗位上退下来的老同志兼任的，属发挥余热，自觉自愿。

2010 年，浙江省政协主席周国富同志担任茶文化研究会第三任会长，我有幸再一次在刘枫书记、周国富书记的直接领导下工作，一干就是 15 年。

陪同中国国际茶文化研究会原会长刘枫（中）、顾问徐永清上将（左）参观茶文化书画展

陪同中国国际茶文化研究会会长周国富（左三）参加茶事活动

浙江省茶文化研究会新老领导合影

（2010年，前排左六为周国富会长、左七为刘枫老会长、左十为本人）

浙江大学茶文化与健康研究会成立大会（本人为首任会长，2014年）

这个茶文化研究会，不同于一般的群众社团：三任会长都是德高望重的正省级老同志。在三任会长的领导下，茶研会政治坚定，任务明确，工作有力，人才荟萃，资源丰厚，成绩斐然。国际茶文化研究会以弘扬茶文化、倡导茶为国饮、促进茶经济、造福种茶人和饮茶人为宗旨，开展多种形式的活动，对浙江、全国乃至东南亚的茶经济、茶文化发展都起到了有力的推动、促进作用；我国的茶园面积空前扩大，茶产量大幅提高，茶品质不断提升，茶品牌意识不断增强，茶产业成为许多地方的主导产业，大批茶农得以脱贫致富。这里边，国际茶文化研究会20多年的努力工作功不可没。

在国际茶文化研究会的指导推动下，全国若干个省区市成立了茶文化研究会（促进会）；浙江省11个地市全部成立了茶文化研究会；浙江省90个县市区有78个建立了茶文化研究会；有的乡镇也成立了类似组织。这些组织，大力开展茶文化研究，出版了上百部茶文化学术著作；努力推动茶文化进企业、进社区、进机关、进学校和进家庭"五进"活动，普及了茶知识，使人们懂茶、爱茶、会喝茶，更多的人接受了"科学饮茶有利于健康"的理念并践行之。

国际茶文化研究会注重在大中小学普及茶知识，提倡"茶为校饮"，开展科学饮茶活动。浙江大学于2015年率先成立了全国高校第一家茶文化与健康研究会，周国富会长亲临大会指导并作重要指示。同时，国际茶文化研究会决定成立中国国际茶文化研究会学校茶文化与健康联盟（本人荣任联盟主席），并将逐步推向全国大中小学，在更大的范围内推动"茶为国饮"。

光阴荏苒，不知不觉进国际茶文化研究会已经15个年头了。15年下来，说不上辛苦，更说不上奉献，倒是得到的比付出的多得多：受到了茶文化的熏陶，增长了见识，陶冶了情操，健康了身心，受益终生。

三度出任省委督导组组长

从 2005 年 1 月至 2014 年 2 月，我先后 3 次担任中共浙江省委督导组组长，对相关活动进行督导，帮助省委做一些具体工作。

2005 年，我第一次担任省委督导组组长。

根据党的十六大和十六届四中全会精神，中央决定从 2005 年 1 月起，用一年半时间，在全党开展以实践"三个代表"重要思想为主要内容的保持共产党员先进性教育活动。这次教育活动，涉及全党 7000 多万党员，350 万个基层党组织，是新中国成立以来参加人数最多、规模最大的一次党内集中教育活动。

根据中央的指示，中共浙江省委成立了若干个督导组，代表省委对各单位的活动实行督查指导。在这次教育活动中，我被任命为省委第一督导组组长，具体负责对中共浙江省纪律检查委员会（含省监察厅）和中共浙江省省直机关工委进行督导工作。

对于这次督导工作，我心里一点也没有底。我从 1950 年进学校读书，一天也没有离开过学校，要么当学生，要么当老师；虽然在省政协工作 5 年，但我对机关工作不甚了解；更使我忐忑不安的是要我负责督导中共浙江省纪律检查委员会的教育活动，我非常为难，因为这时的省纪律检查委员会的书记是省委副书记周国富同志兼的——他一直是我的领导，是我的上级，我怎么对他领导的省纪委进行督导呢？特别是教育活动后期，有一个很严肃的领导班子民主生活会，班子每个成员都要写出活动总结对照检查，我作为周国富同志的老部下，如何对他这个省委副书记的对照检查进行说道呢？

在班子民主生活会一周前，省纪委班子成员的对照检查材料都已送到我的手上，我认真地阅读了每一份对照检查材料，并认真地写好了点评意见，以备在民主生活会上每个人发言后点评。但是，我没有看到周国富书记的材料，

239

在浙江省人民政府办公厅干部大会上作学习实践科学发展观动员报告

在中共浙江省纪律检查委员会、省监察厅干部大会上作动员报告
中为省委副书记兼省纪委书记周国富，左为省纪委副书记应勇，右为本人

到开会时怎么说？每天想来想去，夜里难以入睡，也没有人可以请教，因为大家都是第一次督导，谁也没有经验，而且其他督导组督导的单位班子中没有省领导，就我摊上了。

在省纪委正式召开班子民主生活会时，周国富书记解放了我，谢天谢地。

省纪委领导班子民主生活会，是周国富书记主持的。他在会议开始时说：

"我们今天的领导班子民主生活会，省委第一督导组组长黄书孟同志和督导组全体成员亲临指导，我们以鼓掌表示欢迎和感谢吧（大家鼓掌）。黄书孟同志是原浙江医科大学党委书记，多年从事党委工作，对党委工作很熟悉。黄书孟同志今天的身份是这次教育活动的省委第一督导组组长，他是代表省委来对我们进行督导的，并不是代表他个人，我们要明确这一点。今天，黄书孟同志该讲什么就讲什么，该怎么讲就怎么讲，不要有顾虑。至于我个人，我已在省委常委会上作了对照检查，按省委意见，不作第二次对照检查，所以，今天我只主持会议，不作对照检查……"

哎呀！怪不得我手上没有周国富书记的对照检查材料，原来他不在这里作对照检查。这可把我彻底解放了，把我的顾虑打消了。

周国富书记在解放我的同时，还给我撑腰："每个同志对照检查后，黄书孟同志要代表省委对每个同志的对照检查逐个点评，请大家认真对待，好好记录。"周国富书记在给我鼓气，鼓励我大胆工作，我的心情放松了不少，底气也顿时足了起来。整个民主生活会开得非常顺利，班子的每个成员认真作了对照检查，我逐一作了言简意赅的点评，终于圆满完成了这一次督导任务。

2008年，我第二次担任省委督导组组长。

2008年10月，省委根据中央的统一部署，在全省县处以上党员干部中开展学习实践科学发展观教育活动。这次教育活动，我作为省委第五督导组组长，负责对浙江省人民政府办公厅、浙江省省级机关事务管理局、省外事办公室、省侨务办公室、省法制办公室、省防空办公室（省民防局）、省打击走私办公室等7个省级部门进行督导工作。这次活动主要是各厅局党组负主责，我们督导组的工作任务不是很重，历时半年，顺利结束。

2013年，我第三次担任省委督导组组长。

2013年7月，中共中央发出《在全党深入开展党的群众路线教育实践活动的意见》。据此，中共浙江省委决定从2013年7月开始，用一年左右的时间，在全省党员中开展以反对形式主义、官僚主义、享乐主义和奢靡之风为主要内容的党的群众路线教育实践活动。我们督导组这次具体负责对浙江中医药大学、中国计量学院、浙江科技学院、温州大学、温州医科大学、丽水学院等6所高校进行督导。

这次督导工作，任务艰巨，非常辛苦。我们所督导的学校，3所在杭州，两所在温州，一所在丽水。在7个月的时间里，我们督导组8个人，11次去温州、11次去丽水执行督导任务。

在教育实践活动进入第二阶段时，我们按工作计划，让6所高校领导班子成员把查摆出来的"四风"问题交上来，以便了解每个人学习和查摆问题的情况。一共收上来80余份材料，我每一份都认真过目，其中发现了一个情况：

一所高校的一位主要领导查摆自己存在的"四风"问题不足一页纸，且对"四风"问题的认识流于形式，过于表面。这位领导干部，我们在座谈会上和个别谈话中，也收到对他"四风"问题的一些反映。

如果这份材料交到省委教育实践活动领导小组办公室，肯定会成为一个典型，我们督导组也难辞其咎。督导组多次专题开会，研究如何帮助这位同志进一步深化学习文件，提高认识，认真检查自己在"四风"方面存在的问题。经过一段时间细致的思想工作，这位领导认识到了自己的问题，端正了态度，最终写出了一篇实事求是、中肯、坦诚、深刻、有血有肉的"四风"问题检查报告，整改措施有针对性，且切实可行，是一篇高质量的对照检查报告。

2014年1月，我们督导组一行第11次去温州参加温州医科大学党政班子的民主生活会。温州医科大学党政班子的民主生活会一共开了六个半小时。

会上，大家畅所欲言，开诚布公、实事求是地开展了自我批评与互相批评，气氛极为热烈融洽，开得有温度、有高度，场面感人。

历时 7 个月，终于完成了第三次督导任务。

督导的过程，也是一个自我学习、自我提高的过程；衷心感谢省委领导的信任，给了我学习提高的机会。

附　录

一、八十感怀

　　赢牟故地*，北齐南鲁**；齐鲁之子，鲁国人氏。生于民国，长于共和。命运多舛，三父四母***。少小离家，钱塘求学；窗寒凳冷二十秋，非五车非八斗。教书育人四十春，无怨无悔，国家教授二级。从政三十又四载，终一书生耳！天有不测，人有旦夕，常思一二，自信人生二百。

---

*　赢牟故地：汉代首设莱芜县，古时境内曾建赢国、牟国，故称赢牟故地。

**　北齐南鲁：春秋战国时期，莱芜北部属齐国，南部属鲁国；齐长城由东而西穿境而过，今依稀可见。

***　三父四母：余两次过继，有三个父亲四个母亲。

二、友人李晓军赠诗

赠书孟先生

戊寅秋，余入浙大初，即于书孟先生相熟。时先生监祭酒，位虽高而其情不矫。越名教以任自然，审贵贱以通物情，有君子风。其人重义，每岁末，必寄书慰问，余则时有所差，常愧于心。其言简，而笔意浓融，诗以纪之。

家世赢牟所，客居浙水东。

读书说孔孟，著述论毛公。

倥偬平生苦，怡情万古空。

丹心流曲墨，笔笔尽由衷。

注：黄书孟，山东莱芜人。浙江省人才开发协会会长。历任杭州师范学院院长、浙江大学常务副校长、浙江省政协科技教育委员会主任等职。长期从事毛泽东思想的教研工作。

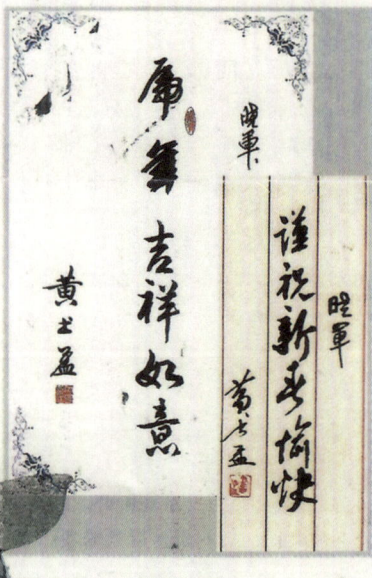

晓军赠诗
注：李晓军，浙江省东阳市人，1972年生，浙江大学口腔医院医生。他爱好书画，善诗词，骨子里是个文人，且功底深厚。我们相识相交多年，乃忘年交也。

三、瞬间永恒——照片集锦

1954 年下半年，我拍下了有生以来的第一张照片，感到非常不可思议，从此爱上摄影和收藏照片：摄影使瞬间变成永恒；照片则能最真实、最客观、最直观、最生动而又最形象地记录历史和反映生活。

近 70 年来，我收藏有数千张照片。现借此书出版之际，我挑选了小小一部分照片（在整理照片中发现，要从近万张照片中挑选几十幅出来，还真不是一件易事。最后，只能是挂一漏万了），分 7 个类别，作为附录放在书后，权作纪念。

1. 外事点滴：

会见外宾，洽谈合作，是我日常工作的题中之义。

接待美国南伊利诺大学代表团（1993 年）

接待安哥拉教育部长（2001 年）

接待圣马科斯分校代表团（1995 年）

接待加拿大蒙特利尔大学教育家（1992 年）

接待温哥华大学教授（2001 年）

接待英国利兹大学代表团（2002 年）

接待美国洛马林达大学医学院代表团（2001 年）

接待哥伦比亚大学代表团（1998 年）

2. 主持留影：

主持各种会议、各种活动，是我工作的重要组成部分。

主持紫金港新校区建设开工典礼

主持新浙江大学首届校友代表大会开幕式

主持一年一度的开学典礼

主持学校欢迎晚会

主持学校春节团拜会

主持曹光彪大楼落成典礼

主持永谦学生活动中心落成典礼

主持竺可桢教学大楼落成典礼

主持香港著名实业家曾宪梓捐赠浙大项目开工（右为曾宪梓）

主持金庸小行星命名典礼

主持聘请金庸为人文学院院长仪式

主持校友集体婚礼

主持一年一度的毕业典礼

3. 高朋满座：

在杭师院、浙医大、浙大、省政府、省政协、省参事工作中，
接触到方方面面的人。

陪同霍金在浙大考察

接待陈香梅女士（国际著名社会活动家，美国空军援华飞虎队司令陈纳德将军夫人）

拜访澳门特别行政区第三任、第四任行政长官崔世安（右一崔世安，右二张俊生，右三本人）

贺一诚（现任澳门特别行政区第五任行政长官、浙大校友）

宴请国际著名数学家陈省身教授

陪同世界著名数学家丘成桐（左一）在浙大考察

陪同栾恩杰院士（国家航天局原局长、国家探月工程总指挥）在舟山海岛考察

与叶培建院士（中，人民科学家，国家嫦娥探月工程总设计师兼总指挥，浙大校友）合影

与南怀瑾合影

与文怀沙合影

与著名油画家陈逸飞合影（2000 年）

与梅葆玖（著名京剧艺术表演家梅兰芳之子）合影

陪同邵逸夫考察附属邵逸夫医院

徐永清上将（中国人民武装警察部队原政委）

陪同香港著名实业家查济民（左三）在浙大考察

拜会澳门著名实业家何鸿燊

右为杭州灵隐寺方丈光泉

右为浙江普陀山全山方丈释道慈

4. 祖国大地：

踏遍青山人未老——黄河上下大江南北，我有幸走遍了祖国 34 个省、区、市（每处一幅照片，计 34 幅）。

北京市天安门广场

天津市周恩来纪念馆

上海市东方明珠塔

重庆市永川区

甘肃省敦煌莫高窟

广东省深圳市明斯克航母

福建省武夷山

云南省西双版纳

江苏省扬州瘦西湖

山东省济南市

江西省庐山

新疆维吾尔自治区天山天池

广西壮族自治区北海涠洲岛

安徽省黄山市

内蒙古自治区呼伦贝尔海拉尔

西藏自治区拉萨市

宁夏回族自治区西夏陵

河南省嵩山少林寺

湖南省韶山毛泽东旧居

陕西省西安市兵马俑

黑龙江省哈尔滨市

辽宁省沈阳市

湖北省武汉市

吉林省长白山天池

贵州省遵义市

四川省九寨沟

河北省北戴河

海南省三亚市

青海省原子城

香港特别行政区

澳门特别行政区

台湾省台北市圆山饭店

浙江省杭州西湖

5 异国他乡：

因公出访和自费旅游，计 40 余次走出国门，到过 26 个国家（每个国家一幅照片，计 26 幅）。

澳大利亚悉尼

新西兰泥浆喷泉

泰国普吉岛

梵蒂冈城国

葡萄牙马德拉岛

斯洛文尼亚布莱德湖城堡

罗马尼亚国民议会大厦

克罗地尼共和国杜布罗夫尼克

朝鲜板门店

俄罗斯小农庄

菲律宾碧瑶市

埃及开罗狮身人面像金字塔

印度泰姬陵

圣马力诺共和国街景

越南主席府

日本富士山

荷兰阿姆斯特丹

意大利罗马竞技场

法国巴黎埃菲尔铁塔

比利时王国布鲁塞尔广场

新加坡

加拿大尼亚加拉大瀑布

美国华盛顿国会大厦

西班牙圣家族大教堂

英国伦敦国会大厦

韩国首尔

6. 追星一族：

小时候在老家时，我晚上跟着大人会走十几里山路去看一场露天电影；当中学生时，我订了一份《大众电影》杂志；中学 6 年，我没有漏看一部新电影，一部《流浪者》看了不下 10 遍。1959 年，我还考取上海电影学校。

演员秦怡

导演谢晋

导演张艺谋

导演张纪中

演员姜文

演员王晓棠将军

演员王丹凤

演员陶玉玲

演员濮存昕

演员章子怡

313

演员陈佩斯（右为长子黄波）

演员朱时茂

演员牛群

演员郭冬临

演员李金斗

特型演员彭江

特型演员赵恒多

演员韩继善

317

电视剧《笑傲江湖》剧组

7. 幸福一家:

每家都有每家的幸福，各家的幸福是不一样的。

夫人穆桂珍（1962 年）

大眼睛小胖墩（小儿子）

我爱北京天安门（大儿子、小儿子跳舞）

母子仨

双雄

母子俩（黄龙洞）

穿花衣（黄龙洞）

杭州植物园

断桥头上

啃爹

千岛湖

爷娘仨（杭州植物园）

大儿子黄波（左一）时在浙江省公安专科学校供职，
小儿子黄涛（右一）时在中国人民解放军大连陆军学院学习（1991年）

柳浪闻莺

嗲儿子

"你是谁?"（与小孙女在一起）

杭州黄龙洞

杭州柳浪闻莺

周日休闲（杭州）

大儿子一家（西泠桥）

小儿子一家

哥俩

西湖边

莫干山练功

茶楼休闲

植物园花展

郊游（杭州中国茶叶博物馆）

桂珍 70 岁生日（2011 年）

全家福（2016 年）

书孟 80 岁生日（2019 年）

黄氏家族（杭州一支　2011 年）

后 记

2016 年 10 月，学校档案馆的马景娣馆长打电话给我，说档案馆计划组织原四校的部分老领导进行口述历史活动，说我在原浙大、原杭大、原医大都呆过，是一个特殊人物，要我参加这项工作。我未作任何犹豫，便满口答应。

随后，从 2016 年 11 月 25 日至 2017 年 3 月 17 日，马馆长派了 4 个学生（宋迪、潘立川、楼涵宇、林月曦）对我进行了 8 次计 24 个小时的录音采访，并形成了逐字稿。稍后，田乐老师在逐字稿的基础上写出了非常好的口述历史初稿。

稿子几经修改后，我发给原杭州大学政治系的同班同学南泉洁、张永坝、姜寒松、陈绍雄，请他们帮助修改。这四位同学都很仔细地审阅了稿子，并提出了非常中肯的、非常有见地的意见和建议，我都已一一采纳。

光阴荏苒，日月如梭。转眼间，我来到这个世界上已经整整 80 个春秋。我之所以能走到今天，一靠党组织的教育和培养，二靠上级领导的信任和关心，三靠叔婶父母的言传和身教，四靠深明大义的妻子，五靠同事和朋友们的厚爱和鼎力相助。所以，我打内心感恩党组织，感恩社会主义祖国，感恩领导，感恩父辈，感恩妻子，感恩同事和朋友们！当然，我自己即使在月月借米下锅的日子里也没有气馁，没有丧失信心，一直在努力前行。

回首往事，我心潮起伏，感慨万千：同学们采访时，我几次泣不成声；夜深人静写稿时，几度泪如雨下……今天，历时 5 年，终于形成了现在的稿子，我长长地舒了一口气。

前清老人洪应明撰有"宠辱不惊，望天上云卷云舒；去留无意，看庭前花开花落"的名联，是我努力践行的人生座右铭。现我从中借用"云卷云舒"作为书名。

在这里，我对马馆长、馆特种办朱惠钰主任和所有帮助我完成书稿的同志和朋友们表示最最衷心的感谢；老友李茂荣欣然命笔题写书名，也在此特表感谢。

我要特别感谢南泉洁：他视力有碍，但仍两次从头到尾审阅了稿子，提出了诸多的指导性意见，使我获益良多，真是感激不尽。另一方面，我违背他的意志，未经他的同意，擅作主张把他两次发给我的微信掐头去尾（中间的文字一个字未改动）变成了"代序（一）"，特向泉洁表示深深的歉意，并请求谅解。

同样，我要把敬意献给姜寒松同学，他给我信心和勇气，我心存感激。我还要感谢浙江大学出版社的原总编徐有智老友、人文艺术出版中心宋旭华主任和责任编辑吕倩岚女士，没有他们的热心帮助和大力支持，本书不可能面市。

最后，我还要衷心感谢学校专职摄影师卢绍庆：书中公务活动的照片，大都为他所摄，为本书增色不少，感激不尽。

谨以此书纪念中国共产党成立100周年！

书中不当之处，敬请批评指正。

黄书孟

2020年9月于杭州宝石山下

图书在版编目（CIP）数据

云卷云舒 ：黄书孟口述自传 / 黄书孟著. -- 杭州 ：
浙江大学出版社，2021.10
ISBN 978-7-308-21381-3

Ⅰ. ①云… Ⅱ. ①黄… Ⅲ. ①黄书孟－自传 Ⅳ.
①K825.46

中国版本图书馆CIP数据核字(2021)第090816号

云舒云卷
黄书孟口述自传

黄书孟　著

责任编辑	吕倩岚
责任校对	蔡　帆
封面设计	云水文化
出版发行	浙江大学出版社
	（杭州市天目山路148号　　邮政编码　310007）
	（网址：http：//www.zjupress.com）
排　　版	云水文化
印　　刷	浙江省邮电印刷股份有限公司
开　　本	787mm×1092mm　1/16
印　　张	22.25
字　　数	339千
版 印 次	2021年10月第1版　2021年10月第1次印刷
书　　号	ISBN 978-7-308-21381-3
定　　价	198.00元